Rudi Fietzke

Faustrecht

Einer durchbricht den Teufelskreis

R. BROCKHAUS

R. Brockhaus Taschenbuch Bd. 849

Umschlaggestaltung: Carsten Buschke, Solingen
Umschlagfotos: Petschick u. Wulf Maehl – ZEFA, Düsseldorf
Gesamtherstellung: Breklumer Druckerei Manfred Siegel KG
ISBN 3-417-20849-1

Für meine Kinder
Arnaud Luc und Vivian-Ute

INHALT

Abgeschrieben

Das wütende Tosen des Zweiten Weltkrieges war verrauscht, seine letzten Wogen auch in den entlegensten Orten des Landes geglättet. Kaum etwas erinnerte mehr an die grauenvollen Jahre der Zerstörung und des Todes.

Deutschland lag in den Preßwehen des nahenden Wirtschaftswunders.

Edith war blutjunge siebzehn, als ihr die ersten Preßwehen das nahende Wunder einer Menschengeburt ankündigten.

In ihrem Elternhaus herrschte Katastrophenstimmung. Das hatte gerade noch gefehlt! Für ihre Alten war sie fortan abgeschrieben – das wußte sie. Schließlich hatten sie in ihrem Stall voll Gören schon genügend Esser durchzuziehen; einen weiteren wollten sie sich da nicht noch andrehen lassen. Außerdem war es die Gelegenheit, Edith so in einem Abwasch gleich mit abzuschieben. Denn mit einer solchen Schande von Tochter wollten die Alten ihren guten Ruf nicht besudelt sehen ... Nicht in jenem embryonalen Kaff, irgendwo am Rande des Westerwaldes.

Um sich der nahenden Katastrophe entledigen zu können, wurde Edith in ein Krankenhaus nach Köln-Lindenthal verfrachtet. Dort lag sie nun – allein. Keine Hand, die ihre hielt, keine stärkenden Worte des Trostes, der Ermutigung; schon gar kein liebevolles Wort der Freude über die nahende Niederkunft ihrer Leibesfrucht.

Fragenden, mitleidigen Blicken ausgeliefert, lag sie da ... Schützend die Bettdecke über sich gezogen. Ihr war zum Kotzen.

Für das umherschwirrende Pflegepersonal war die Sache klar: Edith war für sie eine von denen, die man »angebockt« und dann im Regen stehengelassen hatte.

Ihr Freier, der ihr den Schlamassel eingebrockt hatte, war nirgends mehr aufzutreiben. Der Knecht hatte längst die Kurve gekratzt. Seine Rolle als »Rittmeister« hatte er glänzend absolviert; sollte die des »Zahlmeisters« doch sonstwer übernehmen.

Von draußen fielen warm die goldenen Strahlen der Frühlingssonne durch die hohen Fenster des schmucklosen Krankensaals. Es war der 26. April 1954, als mich meine Mutter zur Welt brachte. – Ein schöner Tag.

Schön ist es, auf der Welt zu sein . . .

. . . viel schöner aber noch war, daß wenigstens die ersten Lebensjahre dem anfänglichen Dunkel meines noch schlummernden Bewußtseins zum Opfer fielen.

Ich war jetzt fünfeinhalb und schon etwas größer als eine Thermoskanne. Was sich mir allmählich als mein Leben ins Bewußtsein drängte, langte mir schon.

Wo meine Mutter abgeblieben war, oder ob ich überhaupt eine hatte, wußte ich nicht. Woher auch.

Ich landete als herrenloses Menschenbündel in einem hoffnungslos überfüllten Waisenhaus – irgendwo bei Bonn. Es war eines dieser katholischen Massenquartiere, wie sie zu jener Zeit als Auffangbecken für Verwaiste und Verstoßene hoch im Kurs standen. Vergleichbar heutigen Legebatterien.

Der Ort als solcher war nicht schlecht. Überall gab es wunderschöne Blumen, die das Heimgelände mit wohlriechendem Duft überzogen. Oft versteckte ich mich auf dem großen Hof des Heimes und verfolgte voller Begeisterung den Flug der vielen Vögel. Wie sie im satten Grün der mächtigen Bäume eintauchten – wie ein Kind, das sich schützend im Schoße der Mutter birgt. Wie gerne wollte ich dann auch ein Vogel sein, von den starken Ästen und ihrem dichten Kleid aus Laub schützend umgeben.

So hing ich meinen Träumen und der unersättlichen Sehnsucht nach Geborgenheit nach.

Leider aber waren meine Träumereien immer nur von kurzer Dauer. Denn ständig und von überall her war das elende Gekeife meiner schwarzweiß-uniformierten Aufpasserinnen zu vernehmen, das mich brutal in mein tristes Dasein zurückriß. Schlimmer noch als ein Schwarm aufgescheuchter Pinguine – umhangen mit blechernen Kruzifixen – schossen sie wie von der Tarantel gestochen durch die Gegend. O Gott, wie habe ich diese oftmals wie wild um sich schlagenden Weibsstücke gehaßt!

Nichts und niemand entging ihren Argusblicken! Beinahe schon so allgegenwärtig wie ihr hochgelobter Gott – dessen Namen sie ständig wie einen durchgekauten Kaugummi im Munde führten – war ihre gnadenlose Präsenz.

Ja, selbst vor den offenen Klotüren hielten sie noch eisern die Stellung, um so über die Rationierung zweier lausiger Wischblätter zu wachen.

Ich war nicht ganz sieben, als ich meiner dortigen Wiege der sinnlosen Gewalt, der permanent heruntergeleierten Rosenkränze entwachsen war und zur bevorstehenden Einschulung in ein anderes Heim abgeschoben wurde.

Wie gut, daß mich Gewalt fortan nicht mehr befremden sollte.

Hölle auf Erden

Ich landete in Rodenkirchen, einem zu jener Zeit verschlafenen Nest vor den Toren Kölns.

Der Auenweg, an dessen Ende sich meine neue Bleibe befand, zog sich durch eine recht vornehme Wohngegend. Alles sah aus wie aus dem Ei gepellt.

Nur wenige hundert Meter von meiner neuen Bleibe entfernt schlängelte sich sanft der Rhein durch die malerische Landschaft. Mit seinen strahlendweißen Ausflugsdampfern und den farbenfrohen Segelbooten glich er einer fröhlichen Spielwiese.

Doch, Rodenkirchen war ein idyllischer Ort; fast schon ein kleines Paradies. Wäre da nicht jener schmutziggraue Bau am Ende des Auenwegs gewesen.

Wir waren eine Truppe von dreißig bis vierzig Kindern. Alles Jungs. Der Jüngste gerade sieben (der war ich), die Ältesten um die vierzehn Jahre alt. Das Sagen hatten die »Großen«, zu gehorchen die »Pikos«. Wer nicht parierte, riskierte, was in die Schnauze zu kriegen.

Mit meinen sieben Jahren war ich leider noch nicht soweit, meine »Schnauze« verteidigen zu können. Also parierte auch ich erst einmal. Brav lieferte ich meine kargen Fleisch- und Puddingrationen ab und gab auch sonst her, was das Herz der »Großen« begehrte.

Glücklicherweise war ich nicht dumm genug, mir etwa für eine Portion Pudding die Kauleiste einschlagen zu lassen.

Heimleiter und stolzer Besitzer meiner neuen Bleibe war ein den Jugendbehörden und den in Rodenkirchen ansässigen »Sheriffs« nicht unbekannter Schläger. Ein Sadist übelster Sorte – und doch in seinem Treiben unbehelligt. Logisch – wen scherten denn schon die Klagen identitäts- und namenloser Heimzöglinge!

Schlagkräftige Unterstützung bekam der Schläger von seiner Frau Mutter, einer schon recht betagten Dame, der dann auch die Trauer darüber abzuspüren war, nicht mehr so schwungvoll hinlangen zu können wie in der Kraft ihrer Jugend. Bedauerlich, aber wir werden eben alle mal älter . . .

Geprügelt wurde am Auenweg für alles und nichts. Es war furchtbar! Nicht selten reichte es schon, dem Schläger bloß in die Quere zu kommen. Wer unter den schweren Fausthieben zu Boden ging, wurde dort weiter mit Fußtritten bearbeitet.

Von ganz besonderer Grausamkeit waren die wöchentlich mehrfach durchexerzierten Zählappelle! Wir hatten uns zu diesem Zweck in Reih und Glied vor dem Haus aufzubauen.

Nach den beiden obligaten Liedern »Aus grauer Städte Mauern« und »Die Gedanken sind frei« erfolgte das Durchzählen.

Anschließend ging es zum »gemütlichen« Teil dieser paramilitärischen Prozedur über. Wie dieser Teil aussah, möchte ich nur an einem Fall aufzeigen. Er soll hier für unzählige andere stehen, die sich während meines fünfjährigen Aufenthaltes Woche für Woche in brutaler Regelmäßigkeit wiederholten.

Für Sekunden nur hatte ich nicht aufgepaßt. Als die Reihe beim Durchzählen an mich kam, wußte ich nicht: War ich jetzt der neunte, der zwölfte oder etwa schon der fünfzehnte im Glied? Plötzlich hatte ich so etwas wie einen totalen Filmriß.

Dem Schläger kam das gelegen, sah er sich doch wieder einmal dazu genötigt, einer derartigen »Disziplinlosigkeit« mit aller Härte zu begegnen.

Leicht wippend, in der Pose des Allmächtigen, baute er sich vor mir auf und wartete gespannt darauf, was ich hervorbringen würde. Aber ich brachte nichts hervor. Die Hose vor Angst gestrichen voll, stand ich mit dem Rücken zur Hauswand und wartete auf den brutalen Hagel seiner Faustschläge. In meinem Inneren schrie ich zu Gott, aber der hatte mich wohl ebensowenig auf dem Zettel wie irgendeine Jugendbehörde oder etwa die ortsansässigen Bullen. Mein Pech!

Der erste Schlag traf mich mit solcher Wucht ins Gesicht, daß ich wie von einer Keule getroffen mit dem Kopf gegen die Hauswand geschleudert wurde. Wie das Trommelfeuer einer Maschinenpistole setzte er nach. Blut spritzte mir aus Mund und Nase und rann mir warm über die aufgeplatzten Lippen.

An der Hauswand runterrutschend, wurde ich mit einem Hagel furchtbarster Fußtritte eingedeckt. Aber damit war es keineswegs genug: Der Mann war schließlich nicht für halbe Sachen. Ich lag schon zusammengekrümmt und wimmernd am Boden, als er mir noch einen letzten Tritt in die Magengrube verpaßte. Erst dann ließ er endlich von mir ab.

Ich weiß heute nicht mehr, wie oft ich in diesen fünf Jahren glaubte, sterben zu müssen. In einem ähnlichen Fall wäre es denn auch bald soweit gewesen: Ich war gerade lausige acht, als er mir beinahe das Licht ausgetreten hätte. Allein dem verzweifelten Einschreiten seiner Frau habe ich es zu verdanken, daß er mich im Foyer seines Hauses nicht totgetrampelt hat. Es war die Hölle!

Daß ich als sogenannter Heimzögling der letzte Dreck war, das »Produkt einer Schweinerei« (wie man mir wiederholt ins Gesicht schleuderte), wurde mir aber nicht nur in den verschiedensten Heimen permanent ins Bewußtsein geprügelt.

Wenn auch mit anderen Mitteln – die Schule, in die ich mittlerweile ging, machte aus ihrer Geringschätzung mir gegenüber ebenfalls keinen Hehl. Für mich sollte sie damit zu einem weiteren Ort der Qual werden.

Aber worin nur, so fragte ich mich des öfteren, habe ich mich als siebeneinhalbjähriger Pimpf denn schuldig gemacht, daß man mich wie einen Aussätzigen verstieß, mich wie einen Verbrecher behandelte? Als »der da aus dem Heim« galt ich der Mehrheit meiner Mitschüler und leider auch der Lehrkräfte – als asozial, dumm und kriminell. »Aus welchem Grund haben dich deine Eltern denn sonst ins Heim gesteckt?« hieß es nur lakonisch. Welche Eltern? Ich begriff damals nicht, von welchen Eltern die Rede war.

Für das Gros meiner Mitschüler waren Heime also so etwas wie Besserungsanstalten. Punkt.

Aber zugestanden, im Grunde genommen konnte ich ihnen diese sonderbare Ansicht nie so recht verübeln. Woher auch hätte dieser Trupp gehegter und gepflegter Muttersöhnchen und Weicheier wissen sollen, daß es beileibe weit Schlimmeres geben konnte, um in ein Heim abgeschoben zu werden?

Mich kotzte das Leben an. Ich verfluchte den Tag meiner Geburt, weil ich den Sinn meines Lebens nicht begreifen konnte. Gab es überhaupt einen Sinn?

Die Scham darüber, ein Heimzögling zu sein, und die damit verbundenen Diskriminierungen wogen für mich oft schwerer als alle körperlichen Mißhandlungen zusammen. Es klingt verrückt, gewiß, aber zuletzt wagte ich es nicht einmal mehr, in meiner Schulklasse mein Pausenbrot zu essen. So sehr schämte ich mich dafür, daß darauf oft nichts anderes war als eine dicke Matschschicht aus eiterfarbigem Griebenschmalz.

Um mich vor den hämischen Blicken und Spötteleien meiner Klassenkameraden zu verbergen, schloß ich mich in den Schulklos ein und zog mir dort meine Brote rein. Mit der Zeit lernte ich es, mich an vieles zu gewöhnen. Selbst an fliegende Klobürsten und Papierrollen, die zuweilen von irgendwelchen Witzbolden über die Schamwände gefeuert wurden.

Von Natur aus bin ich das, was man landläufig einen Spätzünder nennt. Man könnte auch sagen: ständig der letzte. Ich habe da auch heute noch meine liebe Not, bis ich eine Sache mal gerafft habe oder endlich in die Gänge komme.

Allerdings, hat es bei mir einmal gefunkt, dann hat es auch geknallt – und das nicht von schlechten Eltern.

Bevor es damals knallte und ich mich endlich darauf besann, in die Offensive zu gehen, mußte ich viel einstecken. O Mann, was habe ich im Laufe der Zeit von meinen Mitschülern an Prügeln bezogen! Manchmal glaubte ich, sie wollten mir meinen Kopf viereckig schlagen. Wiederholt wurde ich gleich von einer ganzen Meute Mitschüler nach Unterrichtsschluß vor der Schule abgefangen. Dabei wurde ich dann mitunter dermaßen aufgemischt, daß ich die nächsten drei Tage beinahe rückwärts lief.

Im Einstecken von Prügeln war ich unbestritten der Größte.

Natürlich blieb es dabei nicht aus, daß häufig auch meine Klamotten dran glauben mußten. Und wenn es auch ohnehin nur schäbiges Zeug war, im Heim angekommen, gab's dafür gleich noch mal etwas in die »Schnauze«. Es war ein Hickhack ohne Ende, eine Odyssee der Gewalt.

Dann endlich langte es mir: Mach dich gerade, oder du gehst vor die Hunde. Vor die Hunde gehen wollte ich nicht, also begann ich mich geradezumachen.

Das Resultat war ausgesprochen aufschlußreich! Während meine Kontrahenten in ihrem Treiben beinahe völlige Narrenfreiheit genossen, geriet ich zunehmend unter Beschuß.

Es machte ganz offensichtlich schon einen gehörigen Unterschied, ob man lediglich ein Heimzögling war oder aber ein Sprößling aus wohlsituiertem Elternhaus. Die traute sich nämlich keiner so schnell für ihre Entgleisungen auf den Topf zu setzen. Wie oft ich zum Strafrapport vor den Rektor der Schule geschleift wurde, kann ich heute nicht mehr sagen. Jedenfalls hat's mir gereicht!

Obwohl der gute Mann fast schon so fett war wie ein alter Brauereigaul, dazu flexibel wie ein Einbauschrank – wenn er zum Rohrstock griff, wurde aus dem vermeintlichen »Bulldozer« ein wahrer Artist. Wie gesagt, mir haben die zahlreichen »Audienzen« allemal gereicht.

Meine rapide anwachsende Gewaltbereitschaft zog aber auch noch andere Konsequenzen nach sich. Längst wußte auch der letzte in der Schule, was sich im Heim am Auenweg abspielte. Und daß meine Aggressivität nicht bloß eine Reaktion auf die Anmache meiner Mitschüler war. Den Stein brachte Gamsbach, mein Sportlehrer, ins Rollen. Gamsbach war neben meinem Religionslehrer einer der wenigen im Lehrerkollegium, bei dem ich das Gefühl haben durfte, ihm nicht fünfzehn Meter am A . . . vorbeizugehen.

So wurde ich denn auch wiederholt von ihm auf die Seite genommen und über die Verhältnisse am Auenweg ausgefragt. Zumindest versuchte er, nähere Einzelheiten aus mir herauszuleiern – leider ohne nennenswerten Erfolg. Ich hatte einfach eine höllische Angst davor, daß man im Heim erfahren könnte, wer da »gesungen« hatte.

Meine Angst war berechtigt. Von behördlicher Stelle hatten wir nichts zu erwarten, wie ich gleich noch berichten werde. Von wegen also: »Du kannst ruhig den Mund aufmachen, dir passiert schon nichts . . .«

Auf meinem Stundenplan war für die vierte und fünfte Stunde Sport angesagt. Wie an jedem Montag. In Sport war ich trotz aller Mißhandlungen gut. Getreu dem Motto:

Was uns nicht tötet, macht uns nur noch härter ... Alles andere konnte ich dagegen so ziemlich abhaken. Ich war einfach nicht lernfähig. Die ständigen Prügeleien im Heim, insbesondere aber ein entsetzlicher Angstzustand, der mich wie eine eiserne Panzerung besetzt hielt, wirkten sich wie eine Lähmung auf mein Gehirn aus.

An manchen Tagen war ich nicht einmal dazu in der Lage, meinen eigenen Namen aufzuschreiben. Und das mit zwölf Jahren, die ich mittlerweile alt war!

Psychisch war ich also bereits zum Krüppel geschlagen.

Wir hatten Schwimmen, um zum Thema zurückzukommen.

Ich stand in dreckiger Unterhose und qualmenden Socken vor einem Stapel Badehosen – die die Schule eigens für »Bedürftige« auf Lager hielt –, als ich plötzlich aus dem Umkleideraum der Schwimmhalle gerufen wurde. Hastig kletterte ich in meine Klamotten zurück und trat auf den Flur hinaus, von wo mich Gamsbach gerufen hatte.

Neben Gamsbach stand Will, meine Klassenlehrerin, sowie zwei weitere Frauen, die mir als eine Abordnung der Jugendbehörde vorgestellt wurden. (Wo sie übrigens getrost hätten bleiben können!)

»Na, mein Junge«, legte die eine von beiden auch gleich dienstbeflissen los, »wir würden uns gerne einmal mit dir unterhalten und uns auch mal deinen Rücken und Po anschauen ...«

Äh, wie bitte? Ich glaubte, mich verhört zu haben. Ich sollte mich vor zwei wildfremden Tanten ausziehen? Ich dachte ja gar nicht daran!

»Du brauchst dich wirklich nicht zu genieren, ich habe auch zwei Kinder«, versuchte sie mich zu ermutigen. Wie schön für sie.

Will und Gamsbach tanzten vor lauter Verzweiflung fast im Dreieck. Wohl erst, nachdem sie mich fast eine halbe Stunde belatschert hatten, mich gefälligst nicht so anzustellen, zog ich mir dann doch zaghaft Hemd und Hose aus. Mann, war mir das peinlich!

»O Gott, Kind, wie hast du das denn gemacht?« war das

einzige, was die beiden wie im Chor von sich zu geben wußten. Wenig später waren sie dann genauso schnell verschwunden, wie sie aufgekreuzt waren.

Für mich sollte es bei ihrem »O Gott, Kind . . .« bleiben. Ich bekam sie danach kein zweites Mal zu sehen.

Im Heim am Auenweg blieb alles beim alten. Das heißt, abgesehen von einer Vorladung zur Polizei in Rodenkirchen, die dem Schläger wenig später ins Haus geflattert kam, tat sich nichts.

Es war noch früher Vormittag, aber die Sonne schien bereits so warm, daß wir uns jede Bewegung dreimal überlegten.

Auch dem Schläger war zu dieser frühen Stunde jegliche Lust auf unüberlegtes Handeln vergangen. Nur, ihn zwang weniger die Sonne zur Mäßigung als vielmehr die Vorladung zur Polizei, die für diesen herrlichen Morgen angesagt war.

Zusammen mit einigen anderen Kameraden stand ich vor dem Haus und wartete auf den Befehl des Schlägers, in seiner Karre Platz zu nehmen. Schließlich gehörten wir auch zu den »Geladenen«.

Der sonst übliche rüde Befehlston blieb an diesem Morgen sonderbarerweise aus. Überhaupt schien mir der Mann wie umgekrempelt. Freundlich, ja fast schon cool, forderte er uns auf, es uns in seinem weißen Citroën DS 19 gemütlich zu machen. Dem Kerl war an diesem Tag einiges auf Grundeis gegangen, das konnte jeder Blinde merken.

Ich hatte die Wagentür noch nicht ganz zugezogen, als er auch schon die ersten Instruktionen darüber ausgab, was wir den Herren von der Polizei aufzutischen hatten. Das ganze geschah in einer solchen Jovialität, daß wir beinahe glaubten, die Englein singen zu hören.

Wir hatten über »Sportverletzungen« zu klagen – klar. Unsereins war scheint's dazu noch zu blöde, Sport ohne Verletzungen zu treiben . . .

Was sich wenig später auf der Polizeiwache abspielte, war, gelinde wiedergegeben, ein Witz. Eine Farce! Es war schon »rührend«, wie sehr man unserem »armen« Erzieher zugetan war. Wahrscheinlich erspähten sie in ihm das Opfer einer Rufmordkampagne.

Ich denke, wir hatten es letzten Endes nur unserer altersbedingten Strafunmündigkeit zu verdanken, daß sie uns nicht eine Anzeige wegen Verleumdung reinwürgten.

Für mich war die Polizei von dem Tag an als »feige Schweine« abgeschrieben.

Ins Heim zurückgekehrt, ging die sinnlose Prügelei unvermindert weiter. Es interessierte niemanden mehr!

Ponderosa

Vielleicht hätte ich statistisch betrachtet, bei der Vielzahl aller einkassierten Mißhandlungen, längst den Löffel abgeben müssen. Und nichts wünschte ich denn auch sehnlicher als meinen Tod. Warum, so fragte ich mich immer wieder, konnte der »Drecksack« nicht mal so hinlangen, daß endgültig Schluß war? Aber ich lebte – und das mittlerweile im fünften Jahr in dieser Hölle.

Erleichterung fand ich im Kreise meiner Kameraden. War ich anfangs noch der »Piko«, ihr Blitzableiter, so hatte ich den Spieß längst umgedreht. Ich wurde akzeptiert, weil selbst die »Großen« Angst vor meiner Gewaltbereitschaft hatten. Ich ging auf alles los! Keiner meiner Kameraden kam noch auf den Trichter, mich zum Beispiel »höflichst« um die Herausgabe meiner Essensrationen anzubaggern, »weil's anderenfalls was in die Fresse geben würde . . .«

Ebensowenig wagte es noch einer von ihnen, mir nachts die Bettdecke herunterzureißen, nur um sich Gewißheit darüber zu verschaffen, ob ich nicht gerade am Onanieren war. Makaber, gewiß. Aber derartige Gepflogenheiten – und noch Schlimmeres – waren im Auenweg an der Tagesordnung.

Ich wurde also in Ruhe gelassen. Nicht zuletzt auch deshalb, weil jeder meiner Kameraden um meine Beziehungen zu den Bewohnern der »Ponderosa« wußte.

Die »Ponderosa« war ein Ghetto für sogenannte Asoziale, das man in weiser Voraussicht abseits aller Zivilisation in der Walachei zwischen den Ortschaften Sürth und Weiß plaziert hatte. Man konnte ja schließlich nie wissen ...

Seinen Namen – der der Wildwest-Serie »Bonanza« entliehen war – verdankte das Ghetto unter anderem dem Gerücht, daß dort die Miete nur mit der Maschinenpistole einzutreiben war. Was es nicht alles gab – herrlich!

Die »Ponderosa«, das waren drei hintereinanderstehende zweigeschossige Flachbauten, die auf ihrem Posten wie achtlos in die Landschaft geschleuderte Schuhkartons aussahen. Es war ein Bild des Elends!

Die gähnenden Löcher eingeschlagener Fensterscheiben waren notdürftig mit Brettern und Pappen geflickt. Auf dem unwegsamen Gelände um die Häuser herum türmten sich die Müllberge einstigen Mobiliars sowie eine enorme Anzahl stählerner Skelette ausgeschlachteter Fahrräder und Mopeds, die nicht selten zuvor irgendwo gestohlen waren.

Ich fühlte mich wohl inmitten dieser Chaos-Landschaft! Zum ersten Mal erlebte ich so etwas wie Geborgenheit. Ich wurde akzeptiert.

Was mir besonders wohltat: Ich war endlich – wenngleich auch nur für die Dauer meiner Aufenthalte auf der »Ponderosa« – vor dem Schläger in Sicherheit. Allein das Erleben, ohne Angst vor dem nächsten Schlag herumgehen zu können, gab mir zuweilen wirklich das Gefühl, in einer anderen Welt gelandet zu sein. Grotesk – ich weiß.

Bernd war ein Schulkamerad von mir, wie alle anderen Jungs auch, die ich auf der »Ponderosa« besuchen durfte. Was uns verband und aneinanderschweißte, war unser Randdasein; jenes verdammte Ausgegrenztsein aus einem Leben, das offensichtlich nur den »Wohlsituierten« einen Zutritt gewährte.

Diesen »Lackaffen« die Hölle heiß zu machen, war unser erklärtes Ziel. Und wir taten es auch – und zwar anständig.

In Bernds Familie wurde ich wie ein Sohn aufgenommen. Oh, war ich happy! Wie gerne hätte ich Bernds Mutter, diese kleine, oft so schmuddelig aussehende Person, als meine eigene Mutter gehabt! Was spielt es denn für eine Rolle, wie und wo man lebt, wenn man nur liebende Eltern hat?

Jede Gelegenheit, die sich mir irgend bot, um auf die »Ponderosa« zu kommen, nutzte ich. Oft kehrte ich nach der Schule gar nicht mehr ins Heim zurück, sondern fuhr gleich mit meinem zusammengeschusterten Fahrrad auf die »Ponderosa«. Was sollte ich auch im Heim, da kannte mich doch jeder.

Natürlich blieben meine Eskapaden nicht ohne Folgen für mich. Dem Schläger paßten meine Eigenmächtigkeiten überhaupt nicht ins Konzept. Die Konsequenzen konnten sich denn auch sehen lassen! Kaum daß ich ins Heim zurückgekehrt war, gab's gleich schon wieder mörderisch was auf die »Schnauze«.

Doch mir war das egal! Die »Ponderosa« wurde mir Entschädigung für alles.

Je mehr Prügel ich bekam, desto öfter kratzte ich auch die Kurve. Es war ein nervenaufreibender Kreislauf . . .

Leider wurde mir die »Ponderosa« aber nicht nur zu einem Ort, an dem ich mich von den elenden Quälereien meines Heimdaseins regenerieren konnte. Sie wurde darüber hinaus maßgeblich das »Stellwerk« zu meiner traurigen kriminellen Karriere.

Längst nicht alle Bewohner der »Ponderosa« waren wie Bernd und seine Familie, nämlich ehrlich und in jeder Hinsicht darum bemüht, einmal den Absprung aus dem Ghetto zu schaffen.

Das Gros der Bewohner – so wie ich sie kennengelernt habe – waren ausgesprochene Ganoven.

Einer von ihnen war Fred. Er galt als der Anführer und der Gefährlichste von allen.

Fred gehörte ohne Zweifel zu jenen armen Geschöpfen, die man bei der Vergabe von Gehirn schlichtweg übersehen haben mußte. In seinem zu groß geratenen Kopf hätte er dafür zwar jede Menge Platz erübrigen können, aber es hatte wohl nicht sollen sein. Man kann eben nie alles haben ...

Ich hatte nicht den Eindruck, daß Fred unter diesem Manko sonderlich litt – schließlich kannte er es ja auch nicht anders.

Fred wäre nicht Fred gewesen, wenn er dieses Defizit nicht auf seine Weise zu kompensieren verstanden hätte. Auf der »Ponderosa« waren er und der Rest seiner Sippschaft gefürchtet. Sein Vater beispielsweise war dafür bekannt, daß er öfters mal dem Bedürfnis erlag, in seiner Behausung die Möbel geradezustellen. Daß diese dabei zuweilen den Umweg durchs geschlossene Fenster beziehungsweise die davorgenagelte Pappe in Kauf nehmen mußten, juckte niemanden. Im Gegenteil! Für die übrigen Bewohner waren solche »Umzüge« immer ein willkommenes Schauspiel – solange ihnen dabei nicht ein Möbelstück im Kreuz landete.

Aber kommen wir zurück zu Fred. Was mich an ihm faszinierte, war seine schier unglaubliche Kraft. Der Junge wirkte nicht nur von seinem Äußeren her wie ein Bulldozer; wo er in Aktion trat, sah es auch nicht viel anders aus als bei seinem technischen »Gegenstück«. »Was man nicht im Kopf hat ...«

Weiter beeindruckte mich an Fred seine Unerschrokkenheit. Der hatte wirklich vor nichts und niemandem Muffensausen.

Für mich war es nicht einfach, in die Clique um Fred hineinzukommen. Was sich dort um ihn scharte, war aus einem andern Holz geschnitzt als ich. Außerdem war da auch noch der Altersunterschied zu seiner Truppe. Trotzdem, ich wollte um jeden Preis in die Clique aufgenommen werden. Und um das zu erreichen, ließ ich keine Gelegenheit aus, mich durch allerlei blödsinniges Getue in Szene zu setzen und vor der Clique zu profilieren.

War irgendwo »Scheißebauen« angesagt – ich war sofort mit von der Partie. Mehr noch, ich wollte in allem immer noch einen kleinen Tick gründlicher sein als meine älteren Vorbilder. Was mir auch gut gelang.

Konditionell war ich fit wie ein Turnschuh; ich war wendig und schnell. Klar also, daß ich bei sämtlichen Aktionen immer vorgeschickt wurde: Gucken, ob die Luft auch rein war ...

Für mich bedeutete dieser riskante Job damals so etwas wie ein Privileg; er war sozusagen mein Einstand in die Clique. Daß ich mir vor Angst oft ins Hemd zu machen drohte, wenn ich mal wieder wo zuerst einsteigen durfte, stand selbstverständlich nicht zur Debatte. Bloß keine Angst zeigen, lautete die Devise.

Was war ich bloß für ein Idiot!

Aber ich war in Freds Clique aufgenommen. Mein Ziel war damit erreicht. Mehr sah ich in all dem nicht.

Ich merkte damals nicht, daß ich mich Stück um Stück einem gefährlichen Strom näherte, der mich bald für viele Jahre ins Chaos und Verderben reißen sollte. Es war anfangs eben alles wie bei einer harmlosen Wattwanderung ...

Aus den »harmlosen« Diebstählen von Äpfeln, Tomaten und Zucchinis wurden nur wenige Jahre später schwere Serieneinbrüche, Betrügereien, bewaffnete Raubüberfälle und versuchter Mord.

Im Heim am Auenweg bekam man von meinem Treiben nichts mit. Davon abgesehen bot sich sowieso kaum noch die Gelegenheit, jedem einzelnen auf die Finger zu schauen. Man war von anderen Sorgen geplagt, die in den Vordergrund gerückt waren. Sollte das Heim doch geräumt werden.

Schwarzer Garten

Der Umzug war eine Nacht-und-Nebel-Aktion. Das Ganze glich eher einer Flucht.

Warum wir so plötzlich das Haus am Auenweg verließen und in den etwa eineinhalb Kilometer entfernten »Schwarzen Garten« überwechselten, war keinem von uns

Heiminsassen bekannt. Bekannt war aber der »Schwarze Garten«, und das langte uns.

Wie schon das Haus am Auenweg, so war auch der Komplex »Schwarzer Garten« Eigentum des Schlägers. Der Mann muß ganz schön gestopft gewesen sein ...

Woher das riesige, von mannshohen Hecken umzäunte Areal seinen sonderbaren Namen hatte, habe ich nie erfahren. Schwarz ist ja bekanntlich das Symbol für Trauer und Schmerz. Wer weiß, welche vergangenen Ereignisse einmal bei seiner Namensgebung Pate gestanden haben mögen. In jedem Fall: Hätte dieser Ort der Schrecken und Qualen nicht schon seinen symbolträchtigen Namen weggehabt – vielleicht hätte er ihn von mir bekommen. Denn was mich und meine Kameraden im »Schwarzen Garten« an Leid erwartete, stellte alles Bisherige weit in den Schatten!

Die Zustände waren katastrophal! Neben einem stattlichen Herrenhaus, das herrlich und schön anzusehen war, befanden sich im hinteren Teil des riesigen Areals eine Anzahl völlig verwahrloster Holzbaracken – unsere neuen Quartiere.

Da der Platz in den Baracken nicht für alle reichte, wurde kurzerhand noch ein ausrangiertes Armee-Zelt aufgestellt. Vollgestopft mit verdreckten Matratzen, diente es sommers wie winters als zusätzliches Wohn- und Schlafquartier.

Die Zustände waren schlichtweg unmenschlich!

1964. Wie ein weißes Leichentuch hatte sich Neuschnee über den »Schwarzen Garten« gebreitet. Es herrschte klirrende Kälte. Meine kleine Kammer, die mir in einer der Bruchbuden als Schlafplatz zugewiesen wurde, war ohne Heizung. Um mir bei der eisigen Kälte nicht den Hintern – und einiges mehr – abzufrieren, behielt ich meine Klamotten jetzt auch nachts an. Über meinen Händen trug ich ein ungleiches Paar Socken. So aufgemacht ging ich in den Wintermonaten auch zur Schule. Handschuhe gab es nicht. Solche Dinger kannte ich nur aus den Schaufenstern irgendwelcher Textilläden.

Überhaupt war der Zustand unserer Kleidung unter aller Würde! Nicht genug damit, daß sie gerade für die kalten Wintermonate völlig ungeeignet war. Wir durften uns schon glücklich schätzen, wenn wir wenigstens ein gleiches Paar Socken ergattern konnten. Noch heute sehe ich den großen Wäschekorb vor mir, aus dem sich jeder frei bedienen durfte. Eigene Wäsche besaß kaum einer von uns. Und wenn doch, dann auch nur bis zur nächsten Wäscheausgabe.

Man kann sich die Schlacht am Wäschekorb um halbwegs Geeignetes beziehungsweise Passendes kaum vorstellen. Es war erbärmlich! Keinen Deut anders ging es beim allmorgendlichen Einsacken der Schulbrote zu. Diese wurden uns in einer riesigen Blechwanne kredenzt! Der Vorteil bei der Brotausgabe bestand allerdings darin, daß man sich hier nicht erst lange um das Erwischen von geschmacklich bevorzugten Wurst- und Käsesorten streiten mußte. Gab es doch sowieso nur den obligaten Schmalzaufstrich.

Eine weitere Katastrophe waren die hygienischen Zustände in unserem Baracken-Camp. Das muß noch über den Himmel hinaus gestunken haben. Hatten wir im Haus am Auenweg wenigstens noch vernünftige Klos und Waschräume, so mußten wir im »Schwarzen Garten« auf diesen Luxus verzichten. Anstelle normaler Spülklos mußten wir unsere »geschäftlichen Sitzungen« fortan auf einem Donnerbalken abhalten. Es war wirklich nicht mehr feierlich! Während man sich im Winter auf diesen Dingern beinahe den Allerwertesten abfror, hatte man im Sommer alle Hände voll zu tun, sich gegen ein unermüdliches Heer von Schmeißfliegen und anderem Getier durchzusetzen. Ich habe es dann bald auch vorgezogen, mich zur Verrichtung meiner Notdurft in die umliegenden Büsche zu schlagen.

Natürlich blieb es angesichts derartiger Mißstände nicht aus, daß sich bald schon Läuse und ähnliches Viehzeug auf den Plan gerufen fühlten, um uns zusätzlich einzuheizen. Mir entgleisen noch heute die Gesichtszüge, wenn ich bloß an den Spießrutenlauf zurückdenke, dem wir um der Läuseplage wegen in der Schule ausgesetzt waren.

»Verpißt euch ja, ihr dreckiges Läusepack ...« So und schlimmer noch hallte es aus allen Ecken und Kanten der Schule.

Man soll es angesichts der Vielzahl von Mißständen fast schon nicht für möglich halten, aber es gab tatsächlich auch Erfreuliches im »Schwarzen Garten«! Die paramilitärischen Zählappelle fielen jetzt weitgehend aus. Nur noch selten ließ sich der Schläger bei uns blicken.

Das soll nun keineswegs heißen, daß wir ganz und gar ohne Aufsicht geblieben wären. Es gab da schon noch jemanden, der auf uns aufpaßte, besser gesagt, aufpassen sollte. Das Problem dabei war nur, daß die Lady, der man die Regie übertragen hatte, dermaßen mit ihrem eigenen mißratenen Sprößling zu tun hatte, daß für uns nicht mehr viel Zeit blieb. Uns war das natürlich nur recht!

»Ich bin deine Mutter«

1966. Weihnachten stand vor der Tür. Das Fest der Liebe und des Friedens, wie es allenthalben so schön lautete.

In den Fenstern der Häuser, die meinen Schulweg säumten, leuchteten bunt die ersten Weihnachtssterne.

Oft habe ich als Kind – und noch lange Zeit danach – vor erleuchteten Fenstern verharrt und mir dabei vorzustellen versucht, wie es wohl dahinter sein mochte. Barg sich dort nicht im Schein der warmen Lichter das, was so viele Menschen glücklich ihr Zuhause nennen durften?

Für uns Kinder im »Schwarzen Garten« war von dem nahenden Fest der Liebe und des Friedens nur wenig zu spüren. Nicht anders also als in den zurückliegenden Jahren auch. Alles ging seinen gewohnten, stupiden Trott! Okay, an solchen Tagen setzte es keine Prügel; aber die Angst, diese entsetzliche Angst, die sich lange schon wie ein eiserner Ring um unsere Herzen gelegt hatte, wich deshalb nicht. Es gab weder Liebe noch Friede; lediglich eine über die Feiertage gewährte Schonzeit.

Nur noch »einmal Schlafen« trennte uns vom Heiligen Abend. Es war der Vormittag des 23. Dezembers, als der Schläger im »Schwarzen Garten« aufkreuzte und mich zu sich rufen ließ. Mir ging in dem Moment die Muffe 1:1000! Was kann der Kerl von dir wollen? fragte ich voller Panik. Ich schlich wie ein geprügelter Köter zum Haupthaus, wo der Schläger mich in Empfang nahm.

»Geh ins Haus und laß dich dort gründlich waschen und vernünftig anziehen. Danach bringe ich dich zum Auenweg. Deine Mutter will heute kommen . . .« Zuerst glaubte ich an einen Scherz. Sicher hätte ich auch nicht dümmer aus der Wäsche geguckt, wenn er mir noch erzählt hätte, daß diesmal Weihnachten und Ostern auf einen Tag fallen würden. Aber dann besann ich mich darauf, daß der Kerl von Haus aus niemals zu scherzen beliebte. Sprachlos folgte ich seinen Anweisungen und verschwand ins Haus.

Meine Fassung gewann ich erst unter der »rührenden« Fürsorge zurück, die mir plötzlich zuteil wurde. Das waren ja ganz neue Sitten. Und erst die Stimmung im Auto, als wir uns Augenblicke später auf den kurzen Weg machten . . .

Zu keinem Zeitpunkt davor, ja nicht einmal, als wir einst auf dem Weg zur Polizei waren, habe ich diesen Fuchs so freundlich und friedfertig erlebt. Wer war denn meine Mutter, daß sie es fertigbrachte, aus einem Wolf ein Lamm zu machen?

Ich war dermaßen geplättet, daß ich sogar noch zustimmend nickte, als mir der Schläger einzureden begann, wie gut ich es doch bei ihm hätte. »Und vergiß nicht, deiner Mutter auch zu erzählen, welche herrlichen Sportmöglichkeiten du hier hast«, säuselte er mir ins Ohr. Ich Depp hab's nicht vergessen zu erwähnen – aber alles andere auch nicht.

Die Zeit schien stillzustehen. Wartend stand ich am Fenster unseres ehemaligen Eßsaals und schaute gedankenversunken auf den schneebedeckten Vorplatz des Hauses hinaus. Es war der Vorplatz, auf dem die grausamen Zählappelle stattgefunden hatten.

Ich weiß nicht, wie lange ich dort bereits am Fenster verharrte, als plötzlich quietschend die eiserne Seitentür neben dem großen Haupttor aufgestoßen wurde und ein wunderschönes Mädchen zögernden Schrittes hereinspaziert kam. (Ich sage bewußt »Mädchen«, weil sie so unglaublich jung, eben wie ein Mädchen aussah.)

Ihre zierliche Gestalt war in ein feines, enganliegendes Kostüm gehüllt. Ihr blondes Haar trug sie – wie damals in Mode – zu einem wuchtigen Dutt hochgesteckt. Darunter könnte man spielend einen Fußball verschwinden lassen, dachte ich amüsiert. Aber dadurch kam ihr schönes, schmales Gesicht besonders gut zur Geltung. Einzig die Wahl ihrer extrem hohen Stöckelschuhe schien mir in Anbetracht des Winterwetters dann doch etwas ungünstig getroffen. Warum trug sie denn keine Gummistiefel? Bei dieser Frage dachte ich unwillkürlich an meine nassen Füße, die ich gerade in den Wintermonaten immer hatte.

Es war schon ein eigenartiges Gefühl, als mich meine Mutter in die Arme schloß und – na ja – erst einmal sanft auf den Mund küßte. Dabei streifte mich der Hauch ihres Atems warm und mild im Gesicht. Und dann, kaum hörbar, wie ein Säuseln ihre Worte: »Ich bin deine Mutter.«

Es war wie im Märchen vom Froschkönig, jenem armen Kerl, der verachtet und verstoßen in der unansehnlichen Gestalt eines Froschs sein Dasein fristete. Doch dann kommt es zu der alles wendenden Begegnung: Ein wunderschönes Mädchen kreuzt seinen Weg. Die beiden plaudern miteinander. Im Verlauf ihrer Unterredung ergreift das Mädchen dann den Frosch (ob mit Erbarmen oder Ekel, geht aus dem Märchen leider nicht hervor) und verpaßt ihm einen Kuß. Der Kuß hat augenblicklich Folgen, die sich sehen lassen können: Aus dem quakenden Etwas wird plötzlich ein stattlicher Prinz . . .

Als ich von meiner Mutter in die Arme geschlossen und geküßt wurde, wandelte ich mich zwar nicht zu einem stattlichen Prinzen, aber ich wurde zum ersten Mal Mensch. Plötzlich war ich jemand. Ich war – wenn auch nur für kurze Augenblicke – nicht mehr nur das »Stückchen Sch ...«, das zu verwahrende Übel, identitäts- und seelenlos ...

O Gott, warum nur ist mir schon die erste Chance jedes Menschenkindes, nämlich die vertrauensstiftende Elternliebe der frühesten Kindheit, versagt geblieben? Was war meine Schuld?

Nachdem ich einen von meiner Mutter mitgebrachten Anzug gegen meinen schäbigen Plünkram getauscht hatte, begaben wir uns nach draußen. Ich sollte die Weihnachtstage bei ihr verbringen. Nach zwölf Jahren Weihnachten im Heim das erste Weihnachten bei meiner Mutter. Ich konnte es nicht fassen!

Draußen vor dem Tor wartete ein großer, schneeweißer Opel Kapitän auf uns. Ein riesen Schiff! Hinter dem Lenkrad klemmte ein junger Mann, der mir von meiner Mutter beim Einsteigen kurz mit Walter vorgestellt wurde. Mehr war über ihren Walter nicht zu erfahren. Walter hätte mein Vater sein können, vielleicht auch nur ein Freund meiner Mutter – oder auch der Weihnachtsmann persönlich. Was auch immer, ich erfuhr nichts. Während der Fahrt verhielt sich Walter ausgesprochen wortkarg, der Gute bekam kaum die Zähne auseinander.

Erst so nach und nach – ich mußte ihm mittlerweile böse auf den Sender gegangen sein – änderte sich das. Dann folgte eine Unmutsäußerung nach der anderen.

Wieso der sich da vorne so aufregte, begriff ich nicht. Quälte ihn meine blöde Fliege am Hals? Das sonderbare Ding mit dem engen Gummiband hatte mir meine Mutter kurzerhand noch umgewickelt.

Warum das sonderbare Teil Fliege genannt wurde, wo es doch augenscheinlich überhaupt keine Ähnlichkeit mit jenen Viechern aufwies, die ich von unseren Donnerbalken her kannte, wollte mir nicht so recht einleuchten.

Eines allerdings hatte dieses Ding mit den mir bestens

bekannten Insekten gemeinsam: Es nervte nicht weniger mörderisch!

Aber es war nicht nur die Fliege, die mir zu schaffen machte und mir allmählich das Gas abzudrehen drohte. Auch der ungewohnte Anzug machte sich zunehmend unangenehm bemerkbar. Wie gerne hätte ich den feinen Zwirn wieder gegen meine alten Klamotten eingetauscht!

Am schlimmsten wurde mir aber die untätige Herumsitzerei. Mensch, ging mir das auf den Keks! Zusammengekauert, wie ein Schluck Wasser in der Kurve, klebte ich in der äußersten Ecke im Fond des Wagens und wagte nicht, mich von der Stelle zu bewegen. Mit Sicherheit hätte sich Walters Unmut dadurch nur noch potenziert ...

Ich weiß nicht, zum wievielten Male Walter die Erde schon umrundet haben mochte, als wir endlich unser Ziel erreichten. Die Stimmung am Ende unserer Reise war mittlerweile »bombig«. Meiner armen Mami hingen die Lippen wohl schon in Fransen herunter, so sehr war sie darum bemüht, ihren Walter immer wieder zu besänftigen. Nee, dachte ich, wenn das wirklich dein Alter sein soll, dann prost Mahlzeit. So ein Weichei ...

Wir landeten vor einem kleinen Haus, wo, weiß ich nicht. Der schneebedeckte Vorgarten war nicht viel größer als der Kofferraum des Opels. Alles wirkte irgendwie märchenhaft.

War das womöglich mein Zuhause, das mir bisher versagt geblieben war? Auch darüber sollte ich nie etwas erfahren. Pech!

Die wenigen Tage im »Elternhaus« waren für mich, gelinde gesagt, das Grab! Man sollte es nicht für möglich halten, aber schon am Tage meiner Ankunft hatte ich nur den einen Wunsch: Ich wollte wieder zurück! Zurück zu meinen Kameraden. Zurück in den »Schwarzen Garten«. Die Hölle war mein Zuhause.

Paradies mit Schattenseiten

1967. Die Nachricht kam für mich zwar völlig überraschend, aber Angst vor einer erneuten Abschiebung in ein anderes Heim spürte ich nicht. Was hätte mir auch jetzt noch Schlimmeres widerfahren können? Was hatte eine Hölle nach der Hölle noch Großes zu bieten?

Es war das Frühjahr 1967, als es für mich hieß: Sachen packen. Ich war nicht traurig. So etwas wie Schmerz erfüllte mich lediglich, als ich die Reihen meiner Kameraden abklapperte, um mich von ihnen zu verabschieden. Sicher, wir waren uns nicht immer grün gewesen, hatten uns das Leben untereinander oft noch zusätzlich schwergemacht. Aber irgendwo war doch jeder ein Stück vom anderen ... Zusammengewachsen, weil zusammengeprügelt.

Als ich den »Schwarzen Garten«, die Reserve-Hölle des Auenwegs, verließ, war ich das, was man heute landläufig mit dem neudeutschen Begriff »auf« zu charakterisieren versucht, anders ausgedrückt: zerstört. Ich hatte alles über die Welt gelernt, was ich wissen mußte. Keine neue Erfahrung würde etwas daran ändern. In meinem Inneren regierte abgrundtiefer Haß. Gedanken der Rache, der Wunsch zu zerstören, quälten mich Tag und Nacht.

Zunächst bescherte mir mein Heimplatzwechsel eine kleine Überraschung.

Ich war wie von den Socken! Was sich bei meiner Verlegung aus dem »Schwarzen Garten« als meine neue Bleibe darstellte, glich wahrlich einem kleinen Paradies. Daß es so etwas auch gab ... Ich konnte es zuerst nicht glauben.

Der riesige Heimkomplex war zu einem wunderschönen Park angelegt. Wohin das Auge auch streifte – überall gab es die herrlichsten Blumen und Sträucher, die sich wie große, bunte Teppiche über das gesamte Gelände zogen. Ja, sogar eine Koppel für Ponys und Ziegen fehlte nicht, dazu ein prachtvolles Vogelgehege, wo es vom Wellensittich bis zum plärrenden Truthahn alle möglichen Vogelarten gab.

Ich war überwältigt!

Meine neue Bleibe am Ortsausgang von Rodenkirchen gefiel mir auf Anhieb.

Das Ressort, in dem wir Kinder untergebracht waren, bestand aus vier Einzelhäusern. Alles schmucke Neubauten.

Jedes Haus beherbergte zwei Wohngruppen, bestehend aus jeweils etwa zwanzig Kindern. Die Wohngruppen waren in sich geschlossene Einheiten. Die eine residierte im oberen Teil des Hauses, die andere im unteren. Man wollte wegkommen von der Anonymität eines Massenbetriebs.

Vollends happy war ich, als mir ein Einzelzimmer zugewiesen wurde. Neben den Dreibettzimmern gab es die nämlich auch.

Es ist etwas Entsetzliches, wenn man über viele Jahre ganz ohne Intimsphäre heranwachsen muß. Für mich waren die zurückliegenden Jahre einer permanent aufgezwungenen Gemeinschaft, die sich erbarmungslos auf sämtliche Bereiche des täglichen Lebens erstreckte, einfach furchtbar.

Man muß so etwas wirklich mal erlebt haben, eine Nacht lang dem Weinen und den Alpträumen von Kindern zuzuhören. War ich in dem katholischen Massenquartier in Bonn mit sage und schreibe sechzig Personen auf einen Saal gepfercht, so waren es in der Hölle am Auenweg immerhin noch acht. Was sich dort in den Nächten abzuspielen pflegte, habe ich bereits erwähnt. Für jemanden, der derartige Verhältnisse zum Glück nie kennenlernen mußte, ist sicher nur schwerlich nachvollziehbar, welchen psychischen Belastungen der einzelne dabei ausgesetzt war. Es war schlichtweg furchtbar!

Die Nachteile, die mein neuer Heimplatz aufwies, waren ebenfalls schnell für mich ausgemacht. Gewährte einem das Bad in der Masse Anonymität und damit einen gewissen Schutz vor dem Entdecktwerden, so hing unsereins jetzt mehr oder weniger wie auf dem Präsentierteller.

Aber Not macht bekanntlich erfinderisch! Und so lag es letzten Endes am Einfallsreichtum jedes einzelnen, aus dieser Not eine Tugend zu machen.

Um uns Kindern zusätzlich ein Höchstmaß an Familien-Idylle zu bieten, hatte man dafür gesorgt, daß es in jeder Wohngruppe wenigstens drei Betreuerpersonen gab. Von Erziehern war nirgends die Rede, was sicher als weitere pädagogische Finesse verstanden werden durfte. Es gab eine sogenannte Gruppenmutter und zwei Praktikantinnen. Um diese wirklich weitgehend für unsere Belange freizuhalten, hatte man kurzerhand auch noch für jede Gruppe eine eigene »Putze« engagiert. (Die wir damals bei uns in der Gruppe hatten, tut mir heute noch leid!)

Gisela Herrmann war Gruppenmutter bei den »Spatzen«, der Gruppe, in welcher ich untergebracht war. Übrigens trugen alle Gruppen irgendeinen Vogelnamen. Eine Wohngruppe für schräge Vögel gab es nicht. Ein Glück!

Herrmann mochte ich eigentlich gleich auf Anhieb. Sie war hochgewachsen und von sportlicher Gestalt. Sie wirkte markant, war dabei aber dennoch ausgesprochen feminin. Alles in allem eine starke Braut also.

Wichtiger aber noch als ihr äußeres Profil war mit ihre Art, wie sie es verstand, auf jeden einzelnen zuzugehen. Da war nichts Herrschendes, Befehlendes oder gar Großkotziges! Ihr Vorgehen gegen uns war geprägt von Einfühlungsvermögen und jenem sprichwörtlichen Fingerspitzengefühl, wie es gerade der Umgang mit »Verhaltensauffälligen« zwingend verlangt. Und einen mittelschweren Dachschaden hatte wohl jeder von uns ...

Herrmann konnte knallhart sein, war dabei aber niemals lieblos. Sie konnte gegebenenfalls handgreiflich werden, wurde aber nie unkontrolliert oder gar verletzend. Fazit: Die Frau verstand etwas von ihrem Handwerk.

Bedauerlich, daß meine Blicke für ihre so liebevollen Bemühungen um mich weitgehend verstellt waren. Erst als sie schon lange fort war, dämmerte mir, wie sehr sie sich darum bemüht hatte, mir die gestohlenen Jahre meiner frühen Kindheit halbwegs zu ersetzen. Ich war ein Narr, sicher.

Aber es gab einfach nichts mehr, was mich in dieser Zeit noch hätte erreichen können. Ich war nach allen Seiten wie abgeschottet.

Zu beglückwünschen war Herrmann in ihrer Arbeit aber in jedem Fall nicht. Wurde ihr mit den »Spatzen« doch die übelste Gruppe überhaupt aufs Auge gedrückt.

Es gab im Heim keinen Bockmist, der nicht von irgendwelchen »Spatzen« mitfabriziert wurde. Zumindest setzte man deren Beteiligung erst einmal ohne langes Federlesen voraus. Einen Hauptübeltäter hatte man natürlich auch ständig parat: Fietzke, wen denn sonst! Klar doch, außer mir schien im Heim ja auch niemand zu wohnen . . .

Mich juckten die vielen Anschuldigungen nicht. Daß ich tatsächlich hinter vielen Dingen als Drahtzieher stand, wäre müßig zu leugnen. Allerdings, manchmal war es auch nur jenes zweifelhafte Vergnügen, zur falschen Zeit am rechten Ort zu sein, das mir gleich den Stempel der Mittäterschaft aufdrückte. Aber auch das konnte mich nicht weiter belasten.

Nichtsdestotrotz verbrachte ich erst einmal eine recht geruhsame Zeit. Oft erschien mir alles nur wie ein schöner Traum. Mein Hirn bekam es einfach nicht auf die Reihe, ohne die gewohnten Prügeleien leben zu dürfen.

Daß alles im Leben mal ein Ende hat, ist ja hinlänglich bekannt. Wieso es aber häufig das Gute zuerst erwischt, wird wohl immer ein Geheimnis bleiben. Vielleicht ist es aber auch nur der Umstand der schnellen Gewöhnung, die uns das Gute weniger achten läßt und weshalb uns sein Ende immer so plötzlich und unvorbereitet trifft. Wer mißt schon die Zeit seines Glücks mit dem Stundenglas?

Die Abschiedsszene war herzergreifend, als Gisela Herrmann die Gruppe verließ. Da gab es keinen, der drei Kreuze hinter ihr gemacht hat! Anstelle von Herrmann wurde uns eine Frau Wollmann (Name geändert) vor die Nase gesetzt. Das schon etwas betagte »Semester« kam irgendwo aus der Gegend von Bonn. Schon von ihrer äußeren Erscheinung her war Wollmann das krasse Gegenteil ihrer Vorgängerin. Sie war pummelig, dabei aber recht groß. Mit ihrer gestylten Haarpracht und dem runden, bebrillten

Gesicht verkörperte sie original das düstere Image einer resoluten Oberlehrerin. Mir war die Olle gleich am ersten Tage unserer Begegnung ein Dorn im Auge. Ich weiß nicht mehr, wie oft ich ihr später noch einen angenehmen Verkehrstod an den Hals gewünscht habe, wenn sie mal wieder auf Achse war. Diese Frau haßte ich wie die Pest!

Gleich zu Beginn ihrer Karriere ließ Wollmann die Knallharte heraushängen. Im Gegensatz zu Herrmann, die beispielsweise bei Verstößen gegen irgendwelche Ordnungen erst einmal den Dialog suchte, beschränkte sich Wollmanns Suche in solchen Fällen zuallermeist auf das Erhaschen geeigneter Gegenstände, mit denen sie dann wie eine Beknackte hinzulangen pflegte. Bevorzugte Instrumente: Teppichklopfer und Kleiderbügel.

Mich soll die Olle auch nur einmal wagen zu schlagen, dachte ich finster. Ich war fest entschlossen, ihr den Bügel oder Teppichklopfer um den Hals zu wickeln ...

Von niemandem wollte ich mich künftig wieder verhauen lassen, ohne zurückzuschlagen. Soweit war ich mit meinen dreizehn Lenzen mittlerweile, daß ich mir nichts mehr gefallen ließ. Meine vormalige »Erziehung« begann mehr und mehr ihre bitteren Früchte zu zeitigen. »Was der Mensch sät, das wird er auch ernten.« Wie wahr! Ich war jetzt kein kleines Kind mehr, auf welches man x-beliebig und nach Lust und Laune eindreschen durfte, ohne daß darauf ein entsprechendes Echo erfolgte.

Es sollte nicht lange dauern, und ich begann meine »guten« Vorsätze in die Tat umzusetzen.

Wie eine Furie, mit hochrotem Kopf und mit einem Kleiderbügel bewaffnet, schoß Wollmann mit Tempo hundertachtzig durch unsere gute Kinderstube. Mein lieber Charlie, trotz ihrer Leibesfülle war die Dame noch ganz schön auf Zack.

Dran glauben sollten diesmal Herbert und ich. Herbert war ein witziger Kamerad von mir. Klein, frech und unerschrocken. Grund für Wollmanns Ausraster waren ein paar lächerliche Unverschämtheiten, die ihr Herbert an den Kopf knallte. Ich stand daneben und bog mich vor Lachen. Das langte Wollmann, die schon bei weit nichtigeren Anlässen ausflippen konnte. Um uns vor den Folgen ihres Anfalls in Sicherheit zu bringen, flüchteten Herbert und ich unter die große Eckbank, die im Spiel- und Aufenthaltsraum stand.

»Wenn ihr nicht sofort von da unten hervorkommt . . .« tönte sie drohend und wetzte dabei von einem Ende der Bank zum anderen.

Wir dachten nicht daran, ihr den Gefallen zu tun.

Nun, Wollmann bekam uns dann aber doch zu fassen: Von ihrem elenden Bügel am Ohr getroffen, stürzte ich mich blind vor Wut auf sie und riß sie zu Boden. Dort schlug ich ihr ihren eigenen Bügel solange um die Ohren, bis dieser zerbrach. Die Überreste feuerte ich ihr vor die Füße. Die Vorstellung war beendet.

Für meinen ersten »Widerstand gegen die Staatsgewalt« erhielt ich vierzehn Tage Arrest. Zu diesem Zweck wurde ich aus der Gruppe herausgeholt und in ein leerstehendes Zimmer im Wirtschafts- und Personalgebäude gesperrt.

Es blieb nicht bei dem einen Mal! Für nahezu jede Kleinigkeit – und es waren oftmals wahrhaftig nur Lappalien! – marschierte ich stante pede in den Arrest.

Scheinbar glaubte man bei der Heimleitung allen Ernstes, mich mit derartigen Maßnahmen zur Räson bringen zu können. Aber das Ganze erwies sich als Schuß in den Ofen!

Wollmann hatte aber auch noch andere »Qualitäten« auf Lager, um einzelnen in der Gruppe einzuheizen. Tatkräftig unterstützt wurde sie dabei von Caspar (Name geändert), die kurze Zeit nach ihr neu zur Gruppe der »Spatzen« stieß.

Caspar war rothaarig wie der Kamm eines Hahns und fast so dürr wie die Kleiderbügel, mit denen Wollmann, ihre Vorturnerin, zu arbeiten pflegte. Die beiden waren ein furchtbares Gespann! Manchmal hatte ich den Eindruck, daß sie noch ein bißchen mehr verband als nur ihre Neigung zur Brutalität.

Mich ließen Wollmann und Caspar wohlweislich in Ruhe. Aber es gab noch genügend andere in der Gruppe, die für ihre »Späßchen« herhalten durften.

Die drei sahen entsetzlich aus! Den jüngsten der Schreiber-Brüder hatte es am ärgsten erwischt. Sein völlig ausgemergelter Körper war über und über mit blauviolett schimmernden Flecken übersät, daß kaum noch ein Fetzen seiner natürlichen Hautfarbe an ihm auszumachen war. Das Grausame an der Geschichte war jedoch: Man hatte die drei nicht etwa aus einem Heim à la Auenweg geborgen, sondern direkt aus ihrem Elternhaus. Die Kinder mußten buchstäblich unter den Fäusten und Füßen ihrer tobenden Eltern weggerissen werden, hieß es.

Daß einem Erzieher im Umgang mit Schutzbefohlenen jegliches Empfinden für sie abgehen kann beziehungsweise erst gar nicht aufkommen muß, ließe sich eventuell noch damit erklären, daß sie für ihn vielleicht nur eine »Sache zur einstweiligen Verwahrung« sein mögen: identitäts- und seelenlos ...

Doch was mag im Herzen einer Mutter, eines Vaters vor sich gehen, wenn sie so ohne Erbarmen über ihr Eigen herfallen?

Wahrscheinlich war es auch »nur« eine Folgewirkung ihrer erlittenen Mißhandlungen, ihrer Vernachlässigung überhaupt, daß keines der Schreiber-Kinder sprechen konnte. Und das, obwohl sie zwischen acht und zwölf Jahre alt waren. Entsetzlich!

Ihr Kauderwelsch (nicht abfällig gemeint!), mit dem sie sich krampfhaft zu artikulieren bemühten, war erschrekkend. Was müssen diese armen Kerlchen Furchtbares durchgemacht haben ...

Weiter war auffällig an den dreien, daß sie eine unglaubliche Abneigung gegen Milchgetränke hatten.

Und genau an diesem Punkt fühlten sich Wollmann und Caspar auf den Plan gerufen, für »Abhilfe« zu sorgen. Den

Jungs etwa das Sprechen beizubringen, ihnen zu helfen, ihre wahnsinnigen Ängste abzubauen, hatten die beiden Weibsstücke nicht auf dem Zettel. Wozu auch, werden sie sich wohl gedacht haben: Worüber sonst hätten sie sich dann noch lustigmachen können . . .

Das Drama war nahezu jeden Tag das gleiche: Man ließ die Schreiber-Brüder nicht eher vom Tisch aufstehen, bis sie ihre Milchration getrunken hatten.

Und wenn der qualvolle Akt auch ums Verrecken Stunden dauerte: Die Milch wurde gefälligst getrunken. »Wo kämen wir denn hin, wenn hier jeder tun und lassen könnte, was er wollte?«

An Gemeinheit ließ die Prozedur nichts zu wünschen übrig. Würgend wie Erstickende, mit weit aufgerissenen Mündern, hielten sich die drei ihre Becher vor den Mund, um so die vom Ekel wieder hochgetriebene Milch aufzufangen. Spie einer der Gequälten seine Milch in den Becher zurück, hatte er diesen trotzdem unerbittlich zu leeren. Was man mit den dreien trieb, war eine unglaubliche Sauerei!

Um das Maß an Gemeinheiten gänzlich voll zu machen, postierte sich Caspar häufig schlagend und schimpfend hinter einen der Schreiber-Brüder. Setzte dann einer von ihnen seinen Becher zum Trinken an, erhielt er einen Schlag an den Hinterkopf. Die dabei zwangsläufig verschüttete Milch wurde ohne langes Tamtam neu nachgefüllt. »Wo kämen wir denn hin, wenn hier jeder tun und lassen könnte, was er wollte?«

Bedauerlich, daß man sich mit den Schreiber-Brüdern nicht unterhalten konnte. Zu gerne hätte ich erfahren, was ihnen der Wechsel vom Elternhaus ins Heim an konkreter Erleichterung gebracht hatte.

Früher habe ich oft den verpatzten Gelegenheiten nachgetrauert, Caspar oder Wollmann einfach ein Messer in die Brust zu rammen. Die Türen zu ihren Schlafräumen waren stets offen . . . Gut, daß es nicht dazu gekommen ist!

Hirnrissige Missionsversuche

Was wäre ein Heim, das sich christlich nannte, ohne die ständige Leier vom »lieben« Gott. Für was der »liebe« Gott doch bei uns alles herhalten mußte – kaum zu glauben!

Den »lieben« Gott der Nonnen kannte ich ja bereits. Jetzt also durfte ich auch den »lieben« Gott einer protestantischen Einrichtung kennenlernen ...

Zuständig für diese »heilsame« Aufgabe war unter anderem ein Herr Carlstorf (Name geändert), seines Zeichens hauptamtlicher Wirtschaftsleiter oder so was Ähnliches. Herr Carlstorf war ein herzensguter Mensch, das konnten zumindest sein blauer VW-Kombi und ein Schäferhund nicht leugnen. Gehörte ihnen doch sein ungeteiltes Herz. Für die Unversehrtheit seiner Autolackierung beispielsweise war Carlstorf sogar bereit, über Leichen zu gehen. Folgendes Ereignis sollte mir das drastisch vor Augen führen.

Ich hatte Carlstorf versehentlich einen Fußball in sein Garagenfenster geschossen. »Klirr« machte es, und die Scheibe war im Eimer. Wäre ich clever gewesen, hätte ich die Kurve gekratzt und Carlstorf in Ruhe darüber rätseln lassen, wer ihm da wohl das Tor des Monats in seine Garage gestellt hatte. Aber ehrlich, wie ich selten mal war, ging ich zu ihm hin und beichtete ihm mein Mißgeschick.

Der wird dir ja wohl wegen so einer Lappalie nicht gleich den Kopf zwischen den Ohren weghauen, dachte ich. Irrtum! Hätte ich doch bloß die Klappe gehalten. Mit den Worten: »Gnade dir Gott, du Dreckstück, wenn auch nur eine Schramme am Wagen ist ...« packte er mich beim Schlafittchen und schleifte mich zu seiner Garage, wo sein Herzallerliebstes seelenruhig vor sich hindämmerte.

Ich hatte Glück (oder war es doch Gnade?), das blecherne Gewand seines vierrädrigen Herzstücks war durch die herausgebrochenen Glasscherben nicht besudelt. Puuh!

Warum ich dann trotzdem noch was auf den Kopf bekam, war mir wirklich schleierhaft. Nun, ich schätze mal, das war wohl mehr zur Probe.

Aber jetzt zum Thema christliches Heim.

Die Gnade Gottes war nämlich nicht nur vor dem Hintergrund eingeschossener Garagenfenster Carlstorfs Thema. Nee, was es mit dieser auch sonst noch auf sich hatte, versuchte er uns in ätzender Regelmäßigkeit auch im Rahmen des Katechumenen-Unterrichts einzubleuen. Wie es sich für die Bewohner eines christlichen Heimes ziemte, war die Teilnahme am Katechumenen-Unterricht selbstverständlich Pflicht. Dabeisein war alles. Etwaige Weigerungen oder auch nur bloßes Zuspätkommen wurden entweder gleich vor Ort mit einem paar Ohrfeigen geahndet, oder aber mit Essensentzug und Stubenarrest.

Sie scheuten wirklich keine Anstrengungen, um aus unsereinem einen guten Christenmenschen zu machen!

Nicht anders sahen auch die Anstrengungen und Methoden aus, um uns Sonntag für Sonntag in die verhaßten Gottesdienste zu treiben. Das Heim besaß selbstverständlich seine eigene Kirche. Ein schönes Gotteshaus übrigens, da gab's nichts drüber zu meckern. Aber was nützte das schönste Gotteshaus, wenn man darin vor Langeweile umzukommen drohte? Von einem schönen Teller allein ist auch noch niemand satt geworden! Ich war mit Sicherheit nicht der einzige, dem schon am Samstag vor dem Sonntag graute. Der Sonntagmorgen war erfüllt mit einer Gefühlsmischung hochstilisierter Feierlichkeit, Pflichtübung und Frustration. Bock auf Kirche hatte weiß Gott keiner von uns!

Aber was half's. Schick in Schale geschmissen, in Zweierreihen zusammengeschrien, traten wir Sonntag für Sonntag unseren verhaßten Leidensweg an – der »frohmachenden« Botschaft entgegen. Es war zum Heulen!

Dann hingen wir in den harten Kirchenbänken, von allen Seiten argwöhnisch im Auge behalten, damit sich auch ja niemand klammheimlich verdrückte oder das endlose Gerede des Herrn Pastor durch Getuschel und ruheloses Hin- und Hergerutsche zu stören wagte. Auf einer Beerdigung hätte es nicht trostloser zugehen können . . .

Die Frage, ob unsereins denn eigentlich begriff, was Sache war, stand nicht zur Debatte. Auch hier galt einzig die Devise: Dabeisein ist alles.

Ist es nicht eine feine Sache, daß wir unseren Kopf auch noch zu etwas anderem tragen, als daß es nicht in uns reinregnet? Na, ich denke doch. Deshalb ließ ich mir ständig etwas Neues einfallen, um mich unter irgendwelchen fadenscheinigen Vorwänden aus der Trauergemeinschaft abzuseilen. Es war echt herrlich! Während meine lieben Kameraden unter der »frohen« Botschaft zürnend und gelangweilt ihre Zeit absaßen, vergnügte ich mich derweil auf einer nahegelegenen Müllkippe. Was die mir zu bieten hatte, konnte ich wenigstens auch in meinem Alltag gebrauchen!

In meiner Schulklasse gab es ein Mädchen, in das ich mich unsterblich verliebt hatte. Ellen, so hieß die Ausersehene, war blond, sportlich und von faszinierender Gestalt. Ihre Grazie wirkte auf mich fesselnd und betäubend zugleich!

Ellen saß, nur getrennt vom Mittelgang unserer Schulbänke, neben mir. Und dennoch – uns trennten Welten. Sie kam aus gutem Hause, die Eltern besaßen ein Obst- und Gemüsegeschäft, und ich war das Heimkind, das nicht einmal die Hose sein eigen nennen konnte, die es am Hintern trug. O Mann! Was habe ich nicht alles unternommen, um ihre Aufmerksamkeit auf mich zu lenken und ihr trotz meiner empfundenen Kläglichkeit zu imponieren.

Das Geschäft ihrer Eltern lag nur wenige Meter von unserer Schule entfernt. So geschah es, daß Ellen nach Schulschluß häufig in den Laden ging und dort längere Zeit blieb. Nachdem sie im Laden der Eltern verschwunden war, folgte ich ihr und lief nun vor den davor aufgestellten Obst- und Gemüsekisten auf und ab, als könne ich mich nicht recht zum Kauf entscheiden. Geld hatte ich sowieso nicht. Ich wollte sie einfach nur sehen.

Ihre Alten sahen mich allerdings gar nicht so gerne. Sie waren wohl jedesmal der Meinung, ich hätte es auf einen Diebstahl ihres Fallobstes abgesehen. Häufig schoß Ellens Vater wie von der Tarantel gestochen und lauthals blökend aus seinem Laden, um mich wie einen räudigen Straßenköter zu verjagen, dem er die Absicht unterstellte, jeden Augenblick seine Gemüsekisten anzupinkeln.

Bevor der Zahn der Zeit an mir zu knabbern begann und mich das Leben in die Mangel nahm, war ich ein hübscher Bengel. Um so weniger leuchtete mir denn auch ein, warum Ellen nichts von mir wissen wollte.

Des Rätsels Lösung bekam ich von meinen übrigen Klassenkameraden: Allesamt immer schick in Schale geschmissen – ihre Eltern hatten es ja –, hatten sie überhaupt keine Probleme damit, Ellen ein liebliches blend-a-med-Lächeln zu entlocken.

Eltern, die für meine Kluft ins Futter sprangen, hatte ich ja nicht. Und bevor es im Heim mal neue Klamotten gab, mußten Weihnachten und Ostern schon auf einen Tag fallen.

In dieser unglücklichen Auseinandersetzung besann ich mich auf das reichhaltige Warenangebot meiner geliebten Müllkippe. Dort gab es schließlich vom Autoreifen bis zur Unterhose alles.

Ich mußte nicht erst lange in den dampfenden und stinkenden Bergen von Unrat herumstochern, bis ich mein erstes Paar modischer Halbschuhe fand. Und – sie paßten! Oh, war ich stolz. Nachdem ich sie getrocknet und gereinigt hatte, zog ich sie nur noch zum Schlafen aus.

Meine Liebe zu Ellen fand zwar auch danach nie ein Happy-End, aber immerhin trug ich nun wenigstens etwas, was halbwegs dem affektierten Modespektakel der sechziger Jahre entsprach.

Meine kleinen sonntäglichen Expeditionen hatten aber auch ihre Nachteile, und damit komme ich zurück zum Thema: Nicht nur, daß ich häufig aussah wie ein Schwein, wenn ich ins Heim zurückkehrte. Bei einem meiner Ausflüge hätte es mich beinahe auch noch erwischt. »Das war die Strafe Gottes dafür, daß du wieder einmal ohne Erlaubnis die Kirche verlassen hast!« wußten mir später meine Aufpasserinnen zu sagen.

Die »Strafe Gottes« war eine ziemlich feuchte Angelegenheit. Neben den vielen kleinen Schätzen, die so eine Müllkippe in Bergen von Unrat barg, interessierte mich ganz besonders ein großer Baggersee, der zu einem angrenzenden Kieswerk gehörte.

Da mal drauf herumzuschippern, das war mein Traum. Fässer und Bretter gab es auf der Müllkippe ohne Ende. Also baute ich mir in mühevoller Arbeit ein recht stattliches Floß zusammen. Als das Ding fertig war, setzte ich noch einen Tisch, zwei klapprige Campingstühle und etliche Holzkisten darauf. In meiner Phantasievorstellung beabsichtigte ich immerhin die Überquerung der sieben Weltmeere – und dafür wollte ich schließlich entsprechend ausgerüstet sein.

Meine mühevolle Arbeit hätte ich mir sparen können. Schon nach wenigen Metern auf dem Wasser wandelte sich mein stolzes Floß in ein U-Boot. Für mich war an diesem Sonntagmorgen zum zweiten Mal Baden angesagt. Bevor ich noch recht begriff, wie mir geschah, lag ich auch schon in der dunkelgrünen Brühe des Baggersees.

Im Nu sogen sich meine Klamotten voll Wasser und drohten mich in die Tiefe zu ziehen. Ich geriet in Panik.

Zur Rettung wurde mir das schnelle und beherzte Eingreifen eines der vielen Angler, die an jedem Sonntagmorgen wie abgesägte Baumstümpfe an den Ufern des Baggersees hockten ...

Natürlich blieb es nicht bei der »Strafe Gottes«. Ins Heim zurückgekehrt, setzte es noch Stubenarrest und Essensentzug.

Als irgendwann das Fernsehen seinen Siegeszug in unser Heim antrat, kam als weitere Sanktion auch noch Fernsehsperre dazu. Was mich allerdings bei dem überwiegend gesendeten Schwachsinn nicht belasten konnte.

Überhaupt berührten mich derlei Sanktionen herzlich wenig! Mein Bauch war nie mein Gott, das Verzichtenmüssen auf Fressalien also auch kein Problem für mich. Anders reagierte ich da schon auf Stubenarrest: Der traf mich doch jedesmal ganz schön derbe. Aber was galt's – daran gestorben bin ich schließlich auch nicht.

Unklar blieb mir bei all dem disziplinarischen Firlefanz nur, was meine Aufpasserinnen damit bezweckten. Wollten sie mir etwa mit Brachialgewalt zu meinem »Seelenheil« verhelfen? Der Verdacht war gar nicht so abwegig; erreicht wurde allerdings genau das Gegenteil!

Ob es die elenden Pflichtgottesdienste waren oder die erzwungene Teilnahme am Katechumenen-Unterricht, ich haßte dieses scheinfromme Gesockse und hatte die Schnauze gestrichen voll von ihren hirnrissigen Missions-Praktiken.

Was ging mich denn ihr Gott an, der mir permanent als so etwas wie ein Oberbulle gepredigt wurde? Oberbullen schwirrten schon zur Genüge um mich herum, da bedurfte ich nicht noch eines weiteren über mir.

Weichenstellung ins Aus

Parallel zu meiner Schulentlassung erfolgte meine interne Verlegung vom Sektor Kinderheim ins angeschlossene Jugend- und Erwachsenenhaus. Von dort aus sollte ich den Sprung ins Arbeitsleben vollziehen.

Daraus wurde eine katastrophale Bruchlandung, verursacht durch unglaubliche Willkür und Verantwortungslosigkeit. Aber gehen wir der Reihe nach vor.

Schon der Wechsel ins Jugend- und Erwachsenenhaus glich einer mittelschweren Katastrophe! Im Markus-Haus, so nannte sich fortan meine neue Bleibe, bezog ich ein Dreibettzimmer. Das war schon die erste Unannehmlichkeit. Teilen durfte ich mir die Bude mit einem etwa vierzig Jahre alten geistig Behinderten, der im Haus als »Mädchen für alles« regelrecht abgekocht (ausgenutzt) wurde, und einem Kleptomanen. Vor dem Kerl war nichts sicher!

Insgesamt lebten im Markus-Haus um die fünfzig Personen, im Alter zwischen zwanzig und vierzig Jahren. Ich selbst war beim Wechsel ins Markus-Haus fünfzehn. Es waren Studenten, Handwerker, Arbeiter, Arbeitslose, Berufsarbeitslose, Sozialhilfe-Empfänger, Säufer und Homosexuelle. Alles in allem eine recht interessante Mischung also.

Die Regie im Hause lag in den Händen zweier Herren, Ross und Schrammler (beide Namen geändert). Ross war Leiter des Hauses, Schrammler sein Kalfaktor. Ross war eine angenehme und sehr freundliche Person. Ich hatte damals den Eindruck, daß ihn die Geschehnisse im Markus-Haus nicht mehr allzusehr interessierten. Und warum auch, er stand sowieso kurz vor seiner Pensionierung.

Anders war da schon Schrammler: in meinen Augen damals ein Kratzer und Trittbrettfahrer. Seine im Schatten von Ross wuchernden Minderwertigkeitskomplexe kompensierte er durch allerlei unsinnige Machtgebärden – und das besonders mir gegenüber. Scheinbar hatte er jetzt endlich jemanden gefunden, den er mal so richtig an die Kandare nehmen konnte. Bei den übrigen Bewohnern des Hauses fehlte ihm augenscheinlich die Courage dazu.

Mir fiel der Wechsel ins Markus-Haus sehr schwer! Besonders der gravierende Altersunterschied zu den übrigen Bewohnern machte mir zu schaffen. Sprüche wie dieser: »Jetzt woll'n die hier schon einen Kindergarten aufmachen«, drängten mich ins Abseits, bevor ich auch nur die Schwelle des Hauses betreten hatte. An eine Integration war also überhaupt nicht zu denken.

Meine Anfänge im Markus-Haus (benannt nach dem Namen eines der Jünger Jesu Christi) wurden für mich zum Horrortrip. So wurde ich wiederholte Male nachts von mehreren vermummten Gestalten aus dem Schlaf gerissen und unter Schlägen und Kniestößen unter eine kalte Dusche gezerrt. Bei einer anderen Gelegenheit wurde ich von einem Mitbewohner mit einem Messer attackiert und dabei so sehr an der Hand verletzt, daß diese geflickt werden mußte. Ich war verzweifelt und verstand nicht, wieso ich dermaßen angefeindet wurde. War mir womöglich mein miserabler Ruf, den ich im Kinderheim genoß, vorausgeeilt? Und wenn schon, wem hatte ich im Markus-Haus etwas getan?

Für eine gewisse Zeit nahm ich den Spuk hin – wie üblich für mich als Spätzünder. Dann kam der Tag, an dem für mich das Maß restlos voll war. Mein erstes Opfer war ein Polizeischüler! Auf diese Innung war ich seit meinen Erlebnissen am Auenweg ohnehin nicht mehr ansprechbar.

Klaus, so wollen wir den angehenden Gesetzes- und Ordnungshüter hier nennen, war achtzehn oder neunzehn Jahre alt. Ein Hänfling mit Herrgott-Allüren. Seiner Großmäuligkeit nach zu schließen, war er wohl von der irrigen Meinung besetzt, in seiner Uniform hängend sei er für jedermann unantastbar. Er wurde eines Besseren belehrt. Seine hoheitliche Kostümierung beeindruckte mich nämlich nicht im geringsten. Im Gegenteil, obwohl grün, war sie mir ein rotes Tuch!

Zu fassen bekam ich Klaus an jenem wunderschönen Vogelgehege, wir erinnern uns, einer der Attraktionen auf dem Heimgelände, die mich anfangs so sehr begeistert hatten.

Dort also, wo sich allabendlich im Schutze der Hecken und Bäume junge Liebespaare ihre ersten, zaghaften Rendezvous gaben. Die auf lauen Sommerabenden antanzenden Mädels stellte die Küche, die Wäscherei und das Putzflintengeschwader. Allesamt also Bedienstete des Heimes. Das männliche Potential sammelte sich aus den umliegenden Häusern, auch aus dem »Markus-Haus«.

Meine Flamme (welche Ironie) kam aus der Küche. Vielleicht war darauf auch ihre unbändige »Hitze« zurückzuführen ... Wenn die Kleine mich küßte, hatte ich immer die Befürchtung, sie wollte mir mit der Zunge die Mandeln massieren. Was wußte ich denn als Blindfisch schon von sogenannten Zungenküssen.

Aber kommen wir zurück zu Klaus. Mit ihm machte ich an diesem lauen Sommerabend kurzen Prozeß. Bevor die elende Baggerei (Anmache) losging und er sein vorlautes Mundwerk aufriß, um wieder seine läppischen Einlagen vom Stapel zu lassen, langte ich ihm eine ...

Nach diesem Zwischenfall ließ man mich allgemein in

Ruhe. Es hatte sich auch für den letzten meiner Kontrahenten herumgesprochen, daß der »Hosenscheißer« (so wurde ich anfänglich im Markus-Haus tituliert) nunmehr zurückschlug. Ohne Gewalt gab es kein halbwegs erträgliches Auskommen. Diese Erkenntnis begann immer mehr mein Handeln zu bestimmen.

Zusätzlich zu den Integrationsproblemen kam nun das Problem der Berufsfindung. Seit dem Kindesalter hatte ich eine große Vorliebe für Autos. Mich faszinierte jede Karre, ob es nur der Lloyd war, der damals die Straßen unsicher machte, oder die Nobel-Karossen aus Stuttgart – ich fuhr auf alles ab! Was lag demnach näher, so dachte ich mir, als daraus einen Beruf zu machen. Kurzum – ich wollte Automechaniker werden.

Schrammler, der mittlerweile auf dem heißersehnten Pöstchen von Ross brütete, teilte ich diesen Wunsch mit. Noch heute – über zwanzig Jahre danach – habe ich seine Antwort so klar und deutlich in den Ohren, als hätte ich sie gestern gehört. Mit den Worten: »Und was glaubst du, wer hier für deine Heimkosten aufkommen soll, vielleicht das Sozialamt?« fegte er mein Anliegen vom Tisch.

Zugegeben, aus seiner Sicht war diese Entscheidung nicht einmal unlogisch. Mit dem »Trinkgeld« eines Lehrlingslohns wären die laufenden Heimkosten für mich tatsächlich nicht zu decken gewesen. Das Sozialamt hätte also ins Futter springen müssen.

Ich kann mir gut vorstellen, daß Schrammlers Entscheidung heute auf Unglauben stoßen mag. Das ändert nichts daran, daß sie einmal gefällt wurde. Es hat auch nichts daran geändert, daß mir einmal mehr bewußt wurde: Als Heimzögling war ich der letzte A . . .

Für mich bedeutete dies erst einmal: Ran an irgendeinen Job. Hauptsache, Fietzke schleppt die erforderliche Kohle in den Laden. Etwaige Gedanken hinsichtlich meiner weiteren Zukunft standen nicht zur Diskussion – wozu auch! (Ob Schrammler wohl seinen eigenen Kindern bei deren Berufswahl mit gleicher »Weitsichtigkeit« zur Seite stand?)

Für mich wurden mit dieser wahnwitzigen, an Verantwortungslosigkeit nicht mehr zu überbietenden Entscheidung endgültig die Weichen ins Aus gestellt. Nur zu gerne hätte ich allerdings Schrammler und Konsorten auf meiner Reise mitgeschleift.

Meinen ersten Job bekam ich im Heim selbst. Das ganze war mehr eine Übergangslösung. Ich wurde dem Hausmeister an die Seite gestellt und spielte das Mädchen für alles. Mein Meister hockte derweil in seiner behaglichen Bude und zog sich dort genüßlich die Biere rein.

Auch sonst war der Job ausgesprochen aufschlußreich: Lernte ich nämlich jetzt einen Teil des ach so frommen Heimpersonals auch von der »fleischlicheren« Seite kennen. Allen voran meinen »gottesfürchtigen« Meister.

Geklaut wurde nahezu alles, was nicht niet- und nagelfest war! So war es beispielsweise Sitte, daß eingehende Kleider- und Sachspenden von meinem Meister erst einmal nach den kostbarsten Stücken durchgesehen und diese für die eigene Familie eingesackt wurden. Nach dem gleichen Muster wurde auch alles andere Brauchbare abgegriffen. Nun, was der kann, das kannst du auch, dachte ich mir und tat danach. Dem »guten« Beispiel meines Meisters folgend, begann ich nun meinerseits alles einzusacken, was mir irgend brauchbar erschien. Da kam ganz schön was zusammen!

Meine Beutezüge waren jedoch nur von kurzer Dauer. Mag sein, daß ich etwas zu arg hingelangt hatte. Möglich allerdings auch, daß mein Mitstreiter jetzt zu kurz kam und in mir bloß den leidigen Konkurrenten ausschalten wollte.

Es war an einem Abend, als plötzlich mein Meister, im Gefolge von Carlstorf und Schrammler, bei mir eingeflogen kam und sich zielstrebig in meiner Bude umzuschauen begann.

Leugnen war zwecklos! Was sich bei mir an Ware angetürmt hatte, hätte gewiß so manchen mittelständischen Krauter vor Neid erblassen lassen. Ich war überführt.

Nachdem mir mein »gottesfürchtiger« Meister lauthals und in ergreifenden Worten die Verwerflichkeit meines Handelns vor Augen geführt hatte, brauchte ich mich als sein Kali, das heißt sein Kalfaktor, nicht wieder bei ihm blicken zu lassen. Er wurde an diesem Abend einen unliebsamen Konkurrenten los – und ich meinen Job. Noch bequemer ging's nicht.

Kurze Zeit nach meinem unrühmlichen Abgang als Hausmeistergehilfe landete ich in Rodenkirchen in einem metallverarbeitenden Betrieb. Selbstverständlich auch dort als Mädchen für alles!

Der Betrieb, zumindest aber doch mein Arbeitsbereich, wäre allemal ein gefundenes Fressen für das Gewerbeaufsichtsamt gewesen: Den Schuppen hätte der Alte gleich dichtmachen können. Mein Job in diesem Bruchbunker war es, den lieben langen Arbeitstag irgendwelche Tür- und Torbeschläge solange in ein Säurebad auf Tauchstation zu schicken, bis auch der letzte Dreck und Rost auf ihnen weggeätzt war. Daß ich dabei so ganz nebenher auch mein körperliches Wohlbefinden wegätzte, gehörte wohl mit zu diesem Job ...

Es war kaum auszuhalten! Der Dreck, aber mehr noch ein schier unglaublicher, beißender Gestank wurden mir schnell unerträglich.

Natürlich hätte ich mir für diese gesundheitsschädliche Maloche eine Schutzmaske aufsetzen können. Daß es die immerhin gab, soll hier nicht unterschlagen werden. Allerdings, und das soll hier ebenfalls nicht unterschlagen werden, war das Ding dermaßen verdreckt und beschädigt, daß das bloße Aufsetzen wahrscheinlich schon den Straftatbestand der Körperverletzung erfüllt hätte.

Damit war der Gipfel aller Unannehmlichkeiten (gelinde ausgedrückt) aber noch keineswegs erreicht. Daß ich schon kurze Zeit nach Beginn meiner Arbeitsaufnahme übelste Probleme mit meinem Magen bekam, will ich hier gar nicht weiter erwähnen. So etwas fällt ja bekanntlich unter die Rubrik Berufsrisiko.

Nein, schlimmer als die elenden Magenkrämpfe, Brechreize und Arbeitsbedingungen war, daß ich für diese Arbeit nicht einen Pfennig zu Gesicht bekam.

Wie seinerzeit allgemein üblich, war in den meisten Firmen Freitagnachmittag sogenannter Lohntütenball. Man bekam seine Gage noch bar ausgezahlt. Nicht anders als in jedem anderen Betrieb auch herrschte an diesen Freitagnachmittagen Hochstimmung unter der Belegschaft.

An keinem Tag sonst in der Woche sehnte man das Aufkreuzen des Betriebsmeisters so sehr herbei wie am Freitag. Der Grund für diese Sehnsucht lag auf der Hand oder, besser gesagt, in den braunen Tütchen, die der Meister zu verteilen hatte.

In der ersten Woche dachte ich mir noch nichts dabei, als Dombeck, unser Meister, mit den begehrten Tütchen an mir vorbeimarschierte. Erstaunlicherweise auch in der zweiten Woche noch nicht. Wie gesagt, ich bin ein Spätzünder.

Erst als ich in der dritten Woche immer noch keine Kohle zu sehen bekam, wurde ich stutzig und erkundigte mich nach den Gründen dafür. Die Antwort war niederschmetternd! Schrammler, dem die Sorge um mein Wohl scheinbar über alles ging, hatte sich ohne mein Wissen – meine Einwilligung stand ohnehin nicht zur Diskussion – mit der Firma kurzgeschlossen und diese dazu angehalten, meinen Lohn »sicherheitshalber« gleich ans Heim zu überweisen. Eine Blamage für mich! Wie muß ich angesichts einer solchen Verfügung in den Augen meines Chefs dagestanden haben?

Was an Lohn überwiesen wurde, habe ich nie erfahren. Nicht einmal das hatte mich zu interessieren.

Ein lausiger Zehner Taschengeld blieb wöchentlich für mich hängen. Das war's dann aber auch!

Ich habe diese völlig ungerechtfertigte Maßnahme nie begriffen!

Willkür und Eigenmächtigkeit kannten wahrhaft keine Grenzen. Da buckelte ich die ganze liebe Woche lang für einen lausigen Zehner ...

Meinen Arbeitskollegen blieb diese dubiose Maßnahme auf Dauer nicht verborgen. Dumme Witzeleien, aber auch abfällige Sprüche waren die Folge. Es war wie während meiner Schulzeit. So wie ich mich als Schüler über die Erbärmlichkeit meiner Pausenbrote beziehungsweise die dummen Bemerkungen darüber geschämt und deshalb aufs Klo zurückgezogen hatte, so zog ich mich Freitag für Freitag in den Umkleideraum der Firma zurück: Es war mir einfach unerträglich, als einer dazustehen, dem man nicht einmal seine Lohntüte aushändigen durfte.

Ich kochte vor Wut! Mein Haß und das gefährlich anschwellende Verlangen, rigoros draufloszuschlagen, drohten mich von innen her zu zersetzen, wenn ich ihnen nicht endlich freien Lauf ließ. Ich war wie eine Zeitbombe ...

Was hatte ich überhaupt zu verlieren? Meinen elenden, aufgezwungenen Job an einem stinkenden Säurebottich? Mein Leben vielleicht, das mir weniger als Dreck galt? Nein, ich hatte nichts zu verlieren ... Mein Entschluß stand fest.

Ziel: Berufsverbrecher

Daß ich mit diesem Anliegen nicht allein dastand, war mir längst bekannt. Es gab im Markus-Haus noch genügend andere, die wie die Fackeln brannten (kein Geld besaßen) und nur auf die Gelegenheit lauerten, diesem Übel ein Ende bereiten zu können.

Zwei von ihnen waren Ingo und Rolf, so will ich sie hier nennen. In ihnen fand ich zwei Lehrmeister, die mich routiniert in ihre kriminellen Fertigkeiten einzuweisen verstanden. Das heißt, von Ingo distanzierte ich mich wenig später. Mit seinen läppischen Ladendiebstählen war er mir schon bald uninteressant. Ich hatte es nicht auf den Diebstahl von Schnaps und Zigaretten in kleinen Mengen abgesehen. Wenn schon, dann wollte ich richtig hinlangen, große Dinger drehen.

Bekanntlich ist aller Anfang schwer. Darin macht auch die Karriere des Berufsverbrechers für gewöhnlich keine Ausnahme. Aus meiner Zeit auf der »Ponderosa« wußte ich zwar, wie man Gartenlauben aufbrach, Mopeds stahl und Zigarettenautomaten von der Wand abhängte. Aber dieses Wissen allein schien mir noch nicht dazu geeignet, darauf eine Karriere als Berufsverbrecher aufzubauen. Es gab so unendlich vieles, was mir hierzu fehlte, und so wurde ich ein aufmerksamer Schüler von Rolf.

»Paß auf, Keule«, so die übliche Anrede Rolfs, »wichtig ist erst einmal, daß du Auto fahren lernst. Ohne Karre läuft nichts!« Wie recht er doch haben sollte.

Als Fahrlehrer hätte Rolf sicher auch auf ehrliche Weise Karriere machen können, soweit der Begriff Karriere hierfür nicht zu hochgestochen anmutet. Was es beim Autofahren zu lernen galt, brachte er mir äußerst gewissenhaft bei. Der Junge hatte wirklich so etwas wie Ethos bei der Sache.

Autofahren allein war natürlich längst nicht alles. »Was nützt es, Keule, wenn du gut fahren kannst, aber zu dämlich bist, eine Karre auch zu knacken?« Das war plausibel. Also lernte ich auch das noch. Es folgten weitere »Unterrichtseinheiten«, Tips und Ratschläge.

Was nützte alle Theorie, wenn sie sich in der Praxis nicht bewähren konnte? Getreu diesem Motto klaute ich mir bald wiederholt einen Wagen und unternahm damit ausgedehnte Spritztouren.

Kleinere Einbruchsgelegenheiten nahm ich am Rande solcher Touren gleich mit: Übung macht den Meister ...

Das war eine feine Sache, wie ich damals unumwunden empfand.

Es ist die Tragik des Bösen, daß es uns immer zuerst in der Gestalt des Schönen entgegentritt. Adam und Eva, die beiden ersten Menschen, wurden auch nicht mit »Fallobst« gelockt ...

Der Grundstock zu meiner Karriere als Berufsverbrecher war gelegt.

Abschuß aus der Provinz

Ich war sechzehn. Hinter mir lag bereits eine beachtliche Serie von Autodiebstählen sowie jede Menge kleinerer Einbrüche. Mich befriedigte dieser »Kleinkram« nicht: Da mußte doch mehr zu holen sein ...

Im Markus-Haus indes häuften sich die Probleme. Immer häufiger geriet ich mit Schrammler aneinander. Ich haßte den Kerl wie die Pest! Auf die Hausordnung pfiff ich mir was, ebenso auf sämtliche anderweitigen Spielregeln, die irgend in Beziehung zu einem vernünftigen Miteinander standen. Ich tat, was ich wollte!

Ende 1969 war es dann soweit. Ich wurde aus dem Markus-Haus als »untragbar« abgeschossen, das heißt vor die Tür gesetzt.

Nach sechzehnjährigem Aufenthalt in allen möglichen Heimen, am Rande irgendwelcher Provinzstädte, landete ich im Herzen der Großstadt Köln. Meinem Wunsch, Berufsverbrecher zu werden, kam dieser Wechsel nur entgegen.

Der Stadtteil Sülz, in dem das neue Heim lag, machte einen recht soliden Eindruck; für meine Begriffe zu solide. Das Heim lag in einer kleinen Seitenstraße, abseits des verkehrsreichen Sülzgürtels. Der eingeschossige Flachdachbau war eine Mischung aus Polizeistation und Knast. Sofort nach meiner Ankunft hielt man es dann auch für zwingend notwendig, mich davon in Kenntnis zu setzen, daß ich mich nunmehr in einem Heim für Schwererziehbare befände. Außerdem sei ich gut damit beraten, »hier ja nicht die wilde Sau zu spielen, man könne nötigenfalls auch anders ...«

Eine gelungene Ansprache, wie ich dachte. Beeindruckt hat sie mich allerdings nicht.

Das Potential sogenannter Schwererziehbarer bestand aus etwa dreißig bis vierzig Personen. Kinder und Jugendliche im Alter von dreizehn bis siebzehn Jahren.

Einen beachtlichen Teil der Schwererziehbaren hätte man ohne Zweifel auch als Schwergeschädigte bezeichnen können. »Abfallprodukte« hoffnungslos mißratener Erziehungsbemühungen. (Es erfüllt mich noch heute mit Zorn, daß Elternpaare wegen ihrer aus den Gleisen geratenen Sprößlinge vor irgendwelche Aufsichtsbehörden geschleift werden, während staatlich angeheuerte Pädagogen/innen für ihre Kunstfehler nahezu völlige Narrenfreiheit zu genießen scheinen. Das Etikett »unverbesserlich« macht's möglich.)

Kommen wir zurück zum Thema. Konnte ich mich im Markus-Haus, in Rodenkirchen, noch frei bewegen, so war in Köln-Sülz alles streng nach Regeln festgesetzt. Es hätte mich nicht weiter gewundert, wenn selbst das Aufsuchen der Toiletten noch nach festgesetzten Zeiten erfolgt wäre.

Etwaige Ausgänge, die auf bestimmte Wochentage festgelegt waren, gab es nur auf Bitten und Betteln. Kam es vor – und es kam vor! –, daß dem diensttuenden Aufpasser eine Nase nicht in den Kram paßte, konnte man sich den Ausgang gleich abschminken. Überhaupt, so schien es mir, hing die Gewährung irgendwelcher Vergünstigungen in erheblichem Maße von Aussehen und Beschaffenheit des Riechkolbens ab. Pech für den, der dann ausgerechnet so einen Zinken wie ich hatte.

An manchen Stellen der rigorosen Hausordnungen gab's aber doch noch Entwarnungen. Glich mir das Heim vom ersten Eindruck her einer Mischung aus Polizeistation und Knast, so entpuppte es sich im nachhinein an etlichen Stellen als grobmaschiges Netz.

Sich beispielsweise nachts klammheimlich aus dem Hause fortzustehlen, war überhaupt kein Problem. Es fand sich immer jemand – wenn zuweilen auch mit Androhung von Gewalt –, der entsprechende Fenster für den Wiedereinstieg präparierte.

Von Vorteil war, daß ich mich wieder unter Gleichaltrigen befand. Irgendwelche Integrationsprobleme gab es daher schon mal nicht. Im Gegenteil, gleich von Anfang an gebärdete ich mich wie die Axt im Walde und schindete so mächtigen Eindruck bei meinen neuen Weggefährten. Was sich innerhalb der Gemeinschaft nicht im »Guten« regeln ließ, setzte ich mit Gewalt durch. So einfach war das.

Ich war elf oder zwölf, als ich beim Baden im Rhein in einen fürchterlichen Sog geriet. Es begann ein Kampf auf Leben und Tod. Wer den Rhein etwas genauer kennt, weiß um die vielen heimtückischen Strudel, die schon viele Menschen in den Tod gerissen haben.

Noch heute ist mir schleierhaft, wie ich dem gewaltigen Sog nach unten entkommen konnte. Ich kämpfte und schrie wie ein Wahnsinniger ...

Vielleicht wäre ich auch dem Sog des Bösen entkommen, hätte ich mich in ähnlicher Weise dagegen zur Wehr gesetzt. Aber nichts dergleichen tat ich. Und weil ich nichts tat, im Grunde genommen auch gar nicht wußte, was zu tun war, ging es mit mir in immer rasenderem Tempo abwärts.

Ich liebte das Böse, war förmlich besessen davon. Allein der Gedanke, Unrecht verüben zu können, erfüllte mich mit einer sonderbar tiefen Ruhe und Befriedigung.

In den umliegenden Kneipen des Heimes hatte ich bald meinen Ruf als Schläger weg. Gemeinsam mit einer Handvoll Gefolgsleuten, die nicht nur aus dem Erziehungsheim kamen, ging es Nacht für Nacht auf Tournee, um die verschiedensten Stadtteile unsicher zu machen. Höhepunkte dieser Eskalationen waren der Überfall auf ein neueröffnetes Steakhouse und ein versuchter Totschlag. Nur um die sprichwörtliche Haaresbreite verfehlte ich den Kopf meines Opfers, den ich mit einer schweren Autobatterie zertrümmern wollte.

Fietzke als künftiger Boß der Kölner Unterwelt, so sah ich mich bereits. Eine Horde grobschlächtiger Gestalten befehligend, die raubend, erpressend und mordend ihre blutigen Bahnen zog – das war der Traum meiner Träume.

Mein Inneres war eine einzige Mördergrube!

Gocherstraße 11

»Noch nie haben wir hier jemanden rausschmeißen müssen, weil wir mit ihm nicht fertiggeworden sind. Du bist der erste, Fietzke.« Für mich waren die Abschiedsworte, aufgesagt vom Heimleiter des Erziehungsheimes, ein riesen Kompliment.

Mehr noch, ich fühlte mich in meiner Borniertheit so sehr davon geschmeichelt, daß ich fast schon quer aus der Bürotür des Heimleiters schritt – so breit kam ich mir plötzlich vor. Mann, was war ich doch für ein hirnverbrannter Narr!

Nicht ganz ein halbes Jahr also hatte mein Gastspiel in Köln-Sülz gedauert, dann hatten sie auch dort die Nase gestrichen voll von mir.

Wieder einmal stand mir ein Heimplatzwechsel bevor. Doch ganz so ohne bleibende Erinnerung an mich wollte ich diesmal nicht das Feld räumen.

Als Kind hatte ich eine sehr merkwürdige Vorliebe für Feuer. Mein Interesse reichte weit über das kinderübliche Kokeln an einer Kerze hinaus. Ich war tief fasziniert von der zerstörerischen Kraft des Feuers; ging mir davon doch so etwas Endgültiges aus.

Der Gedanke kursierte schon eine ganze Weile in meinem Kopf herum, und je plastischer ich ihn mir auszumalen begann, desto stärker geriet ich in seinen Bann. Mein Entschluß stand fest: Bevor du den Abgang machst, läßt du den Bau in einem Flammenmeer aufgehen.

Es war ein wahnsinniges Vorhaben, aber ich konnte nicht anders. Jede meiner Handlungen funktionierte wie automatisiert.

Der Countdown lief, zwei Tage trennten mich noch von meinem Wechsel zur Gocherstraße 11. Das Heim in Sülz lag im Dunkeln, alles schlief.

Fiebernd vor Erregung schlich ich den dunklen Flur entlang, hin zu dem Zimmer, das nicht belegt war.

Ich glaubte mein Herz fast auf der Zunge zu spüren, als

ich mit zittrigen Fingern in meinen Taschen nach den Streichhölzern wühlte. Endlich hatte ich sie. Ich zündete den Inhalt eines herumstehenden Papierkorbes an und schob ihn unter einen der tief herunterhängenden Vorhänge am Fenster. Der Stoff war knochentrocken. Im Nu züngelten die aufschlagenden Flammen gierig an ihm empor ...

Erleichtert, ja wie von einer schweren Last befreit, verließ ich den brennenden Raum. Eine tiefe, wohltuende Ruhe und Befriedigung erfüllte mich. Ich hatte meinen »Auftrag« ausgeführt.

Das Feuer wurde rechtzeitig entdeckt. Wütend und enttäuscht darüber wälzte ich mich bis zum frühen Morgen in meinem Bett herum – an Schlaf war nicht mehr zu denken.

Der Heimwechsel vollzog sich im Unterschied zu den vorangegangenen völlig undramatisch.

Empfand ich die zurückliegenden Wechsel und Trennungen noch wie eine Amputation, so ließ mich die Angelegenheit jetzt kalt. Wie das Glieder-Repertoire eines menschlichen Körpers nach wiederholten Amputationen einmal erschöpft ist und einen unansehnlichen Torso zurückläßt, so klumprig und verstümmelt muß längst auch meine Psyche ausgesehen haben. Hier gab es selbst für die widrigsten Umstände nichts mehr zu holen.

Die Gocherstraße, in der mein neues Domizil lag, befand sich im Kölner Stadtteil Nippes.

Anders als Sülz galt Nippes noch als typische Arbeitergegend. Trostlose Einheitsbauten säumten die schmutzigen Straßen. Der enorm hohe Anteil an Ausländern sorgte nicht nur für jede Menge Zündstoff – der sich hier und da in wilden Straßenschlachten entlud –, er prägte diesem Stadtteil auch zugleich das Image eines Bezirkes für Außenseiter auf.

Die Plazierung eines Heimes, wie es das Carl-Sonnenschein-Haus war, paßte hier also wirklich wie die Faust aufs Auge. Einen besseren Standort hätte man wahrhaftig nicht ausfindig machen können.

Meine ersten Eindrücke waren denn auch schockierend! Sicher, manches an Leid und Elend kannte ich schon aus anderen Heimen, aber was ich jetzt zu sehen bekam, das war von einer anderen, einer grausameren Qualität.

Bei meiner Ankunft standen im Treppenaufgang des Hauses mit Bierflaschen bewaffnete Gestalten, die mich – den Neuankömmling – argwöhnisch, abschätzend und provozierend musterten. Manche von ihnen ähnelten mit ihren Peikerungen (Tätowierungen) wandelnden Bilderbüchern. Ihre geöffneten Schlunde glichen den Eingängen dunkler Grotten. Wie die vereinzelt aus dem Erdreich herausragenden Pflöcke niedergewalzter Zäune sahen in ihren Mündern die zerbrochenen Reste einstiger Zahnreihen aus.

Das Carl-Sonnenschein-Haus, in dem bis auf die Sonne alles schien, wurde zu Recht »das letzte Loch vor der Hölle« genannt: Homosexuelle, Arbeitsscheue, Geistesgestörte, Kriminelle, Haftentlassene, Alkoholiker und Entmündigte füllten in erheblichem Maße dieses verrufene Loch.

Wer von den etwa vierzig bis fünfzig Heiminsassen nicht gerade aus Versehen einer geregelten Arbeit nachging, lungerte wie zerstört im und vor dem Haus herum.

Traurigen Ruhm (an dem ich maßgeblich mitgewirkt habe) erlangte das Carl-Sonnenschein-Haus als Brutstätte der Kriminalität.

Bevor ich nach meiner Ankunft mein Zimmer zugewiesen bekam, wurde ich zu einem Zugangsgespräch in das Büro des Heimleiters beordert. Herr Blissenbach war von kleiner, untersetzter Statur. Das erste, was man von ihm erspähte, wenn er sich aus dem Rahmen einer Tür herausschälte, war seine Zigarre. Sein zweites Markenzeichen war die obligate Whiskyflasche auf seinem Schreibtisch. Daß die Buddel dort nicht nur zur Dekoration stand, war allgemein bekannt.

Inwieweit Blissenbach den Stoff benötigte, möchte ich mir hier nicht anmaßen zu beurteilen. Nur soviel: Ich hätte gerne denjenigen erleben mögen, der diesen Job ohne Stoff durchgestanden hätte. Blissenbach war in seiner Arbeit um nichts zu beneiden!

Das Zugangsgespräch war kurz und schmerzlos, um nicht zu sagen, uninteressant. Ebensogut hätte Blissenbach die Spielregeln auch seiner gegenüberliegenden Bürowand aufzählen können.

Unsympathisch war mir Blissenbach nicht. Der Mann war ausgeschlafen bis auf die Knochen. Dem machte auch kein Rudi Fietzke mehr etwas vor, und das gefiel mir.

Die mir zugewiesene Bude war ein Dreckloch hoch drei! Wieder war es eine Drei-Mann-Bude, wie ich sie mittlerweile zur Genüge kannte – und haßte. Drei klapprige, quietschende Stahlbetten, ein großer Einbauschrank sowie ein Tisch und drei Holzstühle bestimmten die »heimische« Atmosphäre meiner neuen Unterkunft.

Zum Inventar vorzüglich passend gab es einen graugrünen Linoleumboden. Verdreckt, über und über von tiefen Schrammen überzogen, ähnelte er der Oberfläche einer Schlittschuhbahn. Doch – hier paßte in der Tat alles zusammen!

Aufmerksamkeit erregten bei mir dann die Fenster: Anstelle von normalem Glas hatten sie Scheiben aus milchigem, schlagfestem Kunststoff. Die Griffe zum Öffnen fehlten. Auf meine neugierige Frage, was es mit diesem Zauber auf sich habe, erfuhr ich von meinen beiden Zimmergenossen, daß das Zimmer einst dazu gedient habe, randalierende Heimbewohner bis zum Eintreffen der Polizei zu verwahren. Ich war wie geplättet! Genaugenommen hauste ich also jetzt in einer Zelle.

Meine beiden Zellen-Genossen hießen Alfons und Dieter.

Dieter mochte wie ich sechzehn oder siebzehn sein. Von seiner Erscheinung her hätte er eher in die Reihen der Wiener Sängerknaben gepaßt.

Er wirkte verängstigt und hilflos. Nur selten sah ich ihn die Bude verlassen. Die meiste Zeit verbrachte er damit, auf seinem Bett liegend irgendwelchen Gedanken nachzuhängen. Meine Versuche, hier und da mit ihm ins Gespräch zu kommen, waren ebenso vergeblich wie meine Hetzereien, doch gefälligst mal anständig auf den Putz zu hauen.

Für viele der übrigen Heiminsassen war er so etwas wie das Maskottchen: Hol uns mal was zu Saufen, bring mal Kippen mit, mach mal dies und mach mal das. Dieter parierte. Was blieb ihm auch anderes übrig?

Anders war da Alfons. Der Kerl hätte dreißig oder siebzig Jahre alt sein können. So genau war das bei ihm nicht festzustellen. Möglich auch, daß er es selbst nicht einmal wußte.

Von seinem Äußeren her wäre Alfons allemal eine Bereicherung für jedes Horror-Kabinett gewesen. Zu verdanken hatte er sein herbes Äußeres seiner Lebens-Philosphie. Von wegen Alkohol konserviert und so.

Ein besonders feierliches Verhältnis hatte Alfons zur Arbeit. Schon morgens beim ersten Augenaufschlag ließ er sie so hochleben, daß sie ihm leider für den Rest des Tages unerreichbar schien.

Damit will ich natürlich nicht gesagt haben, daß Alfons den lieben langen Tag auf der faulen Haut zubrachte. Denn solcher Müßiggängerei einen gehörigen Riegel vorzusetzen, war das Carl-Sonnenschein-Haus allemal gewappnet.

Für ein Taschengeld, das ihm so gerade seinen Tagesbedarf an Alkohol und Zigaretten sicherte, versah Alfons Kalfaktordienste. Eine Maßnahme, die allmorgendlich allen Arbeitslosen aufs Auge gedrückt wurde, die nicht schnell genug in die Socken kamen, um sich durch Flucht davor zu drücken.

Alfons' ganzer Stolz waren dagegen seine satten Knasterfahrungen! Aber darin war er beileibe nicht der einzige. Wer nicht wenigstens einen Heiermann (fünf Jahre) abgerissen hatte, war für diese vielen Renommisten »kein Junge aus dem Leben«. Anders ausgedrückt: Der paßte nach ihrem Dafürhalten nicht in die Welt.

Wie viele Jahrzehnte Knast sich tatsächlich – abzüglich aller Übertreibungen – im Carl-Sonnenschein-Haus herumtrieben, war natürlich nicht auszumachen. Wenige waren es jedenfalls nicht.

»Steh auf, Fietzke, du bist verhaftet«

Erhielten wir unsere Lebensberechtigung allen Ernstes erst durch das Abreißen einiger Jährchen Knast, ich hätte heute ohne Zweifel Anspruch auf ein zweites Leben.

Angesichts der traurigen Entwicklung unserer Welt verzichte ich jedoch gerne darauf! Aber das nur am Rande.

Entgegen meinen anfänglichen Befürchtungen lebte ich mich im Carl-Sonnenschein-Haus ungewöhnlich schnell ein. Was es doch ausmachte, Gleicher unter Gleichen zu sein ...

Es gab weder das gewohnte Machtgeplänkel mit irgendwelchen älteren Bewohnern des Heimes noch sonstigen nennenswerten Alarm. Natürlich ereigneten sich hier und dort kleinere Auseinandersetzungen und auch Meinungsverschiedenheiten. Aber so was soll ja zuweilen selbst in den besten Familien vorkommen.

Das Carl-Sonnenschein-Haus bot mir eine Fülle von Kontakten zu solchen Menschen, von denen ich berechtigt annehmen konnte, sie für mehr einspannen zu können als für läppische Laden- und Kaufhausdiebstähle. Die Verwirklichung meines Traumes von einer Karriere als Berufsverbrecher, als Boß des organisierten Verbrechens, schien mir durch meinen Wechsel ins Carl-Sonnenschein-Haus endlich in greifbare Nähe gerückt.

In dieser Zeit machte ich aus meinen Absichten auch keinen Hehl mehr. Was ich diesbezüglich auf dem Zettel hatte, wußten selbst meine Arbeitskollegen. Apropos Arbeit: Im Gegensatz zu vielen meiner neuen Heimgenossen, die die Arbeit gerne hochleben ließen, ging ich tatsächlich einer geregelten Arbeit nach.

Ich arbeitete als angelernter Heizungs- und Lüftungsmonteur. Der Job war zwar harte Knochenarbeit, machte mir aber Spaß. Allein das ausgezeichnete Verhältnis zu meinem Boß und den Kollegen machte vieles wett. Aber ich setzte alles aufs Spiel.

Jahre später (ich schiebe das hier ein) sagte meine Mutter einmal zu mir: »Sobald es dunkel wird, Junge, scheint dich eine unerklärliche Macht zu ergreifen. Du bist nicht mehr zu halten.«

In der Tat! Sobald die Nacht den Tag ablöste, vollzog sich in meinem Inneren ein Wechsel zwischen zwei widerstreitenden »Herrschaften«. Von dem Augenblick an gab es für mich kein Zurück mehr!

Die im Carl-Sonnenschein-Haus ausgeguckte und um mich gescharte Gang hielt ich auf drei Personen begrenzt. Ein Fehler mit tragischen Folgen für mich!

Abend für Abend kamen wir zusammen, um irgendwelche Pläne zu schmieden. Den Plänen folgten Taten. In ständig wechselnden Autos, allesamt gestohlen, ging es nahezu jeden Abend auf Einbruchs- und Diebestour. Den Einbrüchen folgten bewaffnete Raubüberfälle. (Details hierzu können wir uns schenken.)

Es kam wiederholt zu wilden Verfolgungsjagden mit der Polizei. Nur mit Grauen erinnere ich mich dabei an eine Verfolgungsjagd zurück, die quer durch mehrere Vororte von Köln ging. (Auch hier verzichten wir auf nähere Einzelheiten!) Ich weiß nicht mehr, wie viele Gelübde der Besserung ich während der Hatz gen Himmel schrie. Wenn ich bloß ungeschoren davonkäme! Ich kam dann auch tatsächlich ungeschoren davon, wenn auch nur mit äußerst knapper Not. Mein Gelübde, mich augenblicklich zu bessern, war schnell wieder vergessen. Auch alle später in ähnlichen Situationen gefaßten Besserungsbeteuerungen hielten immer nur von elf bis mittags.

Dann kam das vorläufige Aus meiner jungen Ganoven-Karriere.

Der 28. April 1971, der zweite Tag nach meinem siebzehnten Geburtstag, war ein Tag wie jeder andere. Irgendwelche außergewöhnlichen Ereignisse standen nicht zu erwarten. Wie an jedem Morgen quälte ich mich fluchend und schimpfend aus meiner quietschenden Koje und gelobte mir, mal wieder beizeiten ins Bett zu gehen. Ein Gelöbnis, das sicher allmorgendlich Hunderttausenden von Frühaufstehern in ihrer Schlaftrunkenheit entfährt. Gegen Feierabend sieht die Welt dann schon wieder anders aus ...

Nachdem ich mich geduscht und angezogen hatte, frühstückte ich meinen obligaten »Eimer« Kaffee und die übliche Menge Zigaretten.

Soldatenfrühstück nannte sich diese nicht gerade gesundheitsfördernde Sitte. Krepieren mußt du sowieso, sagte ich mir oft, wozu also den Asketen spielen.

Nachdem ich gefrühstückt hatte, machte ich mich auf die Socken, meiner Arbeit entgegen. An der Straßenbahnhaltestelle klaute ich mir meine allmorgendliche »Express« (Kölner Tageszeitung) und fuhr los. Es war jeden Tag die gleiche Leier.

Was ich zu dieser frühen Morgenstunde noch nicht ahnte: Es sollte vorerst mein letzter Tag in Freiheit werden.

Für den Abend standen auf meinem Programm die Tageseinnahmen eines großen Getränkemarktes irgendwo in Köln. Der heiße Tip wurde mir von einem Mitarbeiter des Getränkemarktes gesteckt, mit dem ich seit einiger Zeit recht gut befreundet war. Als Gegenleistung dafür besorgte ich ihm wiederholt wertvolles Autozubehör. Eine Hand wäscht die andere – wir kennen das ja.

Es war kurz nach 23.00 Uhr, als wir zu dritt den fraglichen Markt ansteuerten. Bevor es zur Sache gehen sollte, wollten wir uns noch einmal das Objekt und die eventuellen Fluchtwege genaustens anschauen. Sicher ist sicher.

Wie ständig in solchen Momenten, fieberte ich am ganzen Körper. Etwas wie Schraubstöcke oder der Griff eines Würgers legte sich um meinen Hals. Meine Mundhöhle war so trocken wie das Bachbett eines versiegten Flusses. Ich wußte: Es war wieder einmal soweit. Ich würde nicht eher zur Ruhe kommen, bis mein schändliches Vorhaben ausgeführt war.

Aus dem Vollzug meines Planes wurde nichts. Der Getränkemarkt erwies sich bei eingehender Betrachtung nämlich als das, was man in »Fachkreisen« als linkes Ding besser links liegenläßt.

Kurzum: Ich riet meinen beiden Spannmännern zur Aufgabe dieser Unternehmung. Ditmar leuchteten meine

Bedenken ein. Pfoten weg von dem Ding, war auch seine Meinung. Gerd, unser dritter Mann im Bunde, hatte für diesen plötzlichen Rückzieher überhaupt kein Verständnis. Wie Kapläne laberten Ditmar und ich abwechselnd auf ihn ein, aber ohne Erfolg. »Wenn ihr euch ins Hemd macht, ich marschiere auch ohne euch da rein.« Gesagt, getan. Wütend kletterte er aus dem Auto und verschwand im Dunkel der Nacht.

Gemeinsam mit Ditmar fuhr ich ins Carl-Sonnenschein-Haus zurück, stellte den gestohlenen Wagen irgendwo im Knick des Heimes ab und legte mich schlafen.

Es war gegen 3.00 Uhr morgens, ich war gerade in einen unruhigen Schlaf weggesackt, als im hohen Bogen die Tür zu meiner Bude aufgestoßen wurde und jemand wie von Sinnen schrie: »Steh auf, Fietzke, du bist verhaftet.«

Aus dem Heim in den Knast

Zuerst glaubte ich an einen schlechten Witz. Durch das frühmorgendliche Höllenspektakel aufgeschreckt, schoß ich wie ein Senkrechtstarter aus meiner klapprigen Koje.

Die Aufforderung, aufzustehen, war in der Tat überflüssig. In ihrer vorgetragenen Lautstärke hätte sie nämlich ebensogut auch der ganzen übrigen Belegschaft des Carl-Sonnenschein-Hauses gelten können.

Soviel Besuch auf einem Haufen hast du noch nie gehabt, ging es mir voller Ironie durch den Kopf. Umstellt von mehreren uniformierten und zivilgekleideten Polizeibeamten zog ich mich an. Dann schloß sich der kühle Stahl der Goldenen Acht (Handschellen) um meine Handgelenke. Ich wurde abgeführt.

Noch völlig benommen, ja unfähig, die Situation zu erfassen, wurde ich in den Fond eines vor dem Heim stehenden Polizeiwagens geschoben. Betont unsanft – versteht sich.

Auf dem Weg zur Polizeistation hob sich dann allmählich der Schleier meiner anfänglichen Benommenheit. In meinem Gehirn begann es jetzt mörderisch zu rotieren. Angestrengt, wie in mich hineinbohrend, versuchte ich die Gründe meiner plötzlichen Verhaftung herauszufinden. Hatte ich bei einem meiner vielen Einbrüche einen Fehler begangen, der die Spur auf mich gebracht und mir nun zum Verhängnis werden sollte? Fieberhaft ließ ich die letzten Einbrüche Revue passieren, aber so sehr ich mein Hirn auch marterte – nirgends konnte ich einen Fehler ausmachen. Für einen Augenblick kam mir der Gedanke an Verrat, aber ich verwarf ihn wieder. Wer hätte mich schon verzinken sollen ...

Die Fahrt endete schon nach wenigen Minuten. Ich wurde aus der Karre gezerrt und über eine Steintreppe in die Polizeiwache geschleppt. Grell stach mir das Neonlicht in die Augen, das von der Decke im Foyer der Wache herabfiel.

Es herrschte rege Betriebsamkeit. Aus den angrenzenden Räumen drangen dumpfe, unverständliche Wortfetzen sowie das klirrende Geräusch von Geschirr. Hätte ich nicht gewußt, daß Kellner für gewöhnlich ohne Pistolen herumlaufen, der Gedanke, womöglich bloß in einer Cafeteria gelandet zu sein, wäre gar nicht so abwegig gewesen.

Dann aber verschlug es mir die Sprache! Alle Benommenheit war mit einem Schlag wie weggeblasen! Ich war hellwach! Hinter einer Art Tresen erspähte ich den blondleuchtenden Schopf von Gerd. Niedergekauert, in sich zusammengesunken, hockte er dort auf einem Stuhl und starrte wie abwesend ins Leere.

Nun begriff ich, warum ich so plötzlich verhaftet werden konnte. Beim Versuch, den Getränkemarkt trotz meiner Warnungen frischzumachen, wurde Gerd von der Polizei überrascht und festgenommen. Alles weitere war für die Polizei Routine. Wer ein Ding an den Hacken hat, der hat meistens auch noch mehr auf dem Kerbholz ...

Bei Gerd mußten sie nicht lange gebohrt haben, um ihn wie eine angestochene Ölquelle zum Sprudeln zu bringen.

Genauso war's dann auch: Anstatt den Mund zu halten,

sich in seiner Aussage lediglich auf den einen Einbruch zu beschränken, packte Gerd richtig aus und legte ein umfassendes Geständnis ab.

Ein Chorknabe hätte gewiß nicht herrlicher singen können, werden wohl die Vernehmungsbeamten gedacht haben. Naja, und wie's in solchen Fällen meistens zugeht – um die Suppe nicht allein auslöffeln zu müssen, lieferte uns Gerd alle ans Messer.

Wutentbrannt, ungeachtet meiner immer noch gefesselten Hände, versuchte ich um den Tresen zu kommen, um mich auf ihn zu stürzen. Das klappte natürlich nicht. Von herbeistürzenden Polizeibeamten an den Haaren und Klamotten gepackt, landete ich in einer kleinen stinkigen Zelle. Haßerfüllt schrie ich noch quer durch die Wache und schwor Gerd Rache. Ich war wie von Sinnen!

Du läßt dir von den Bullen kein Geständnis herausleiern, war mein erster Gedanke, als ich wieder halbwegs bei Verstand war. Irgendwann – mittlerweile war mir jedes Zeitempfinden flöten gegangen – holte man mich wieder aus meinem Loch heraus. Ich landete in einem Gefangenentransporter und wurde ins Polizeipräsidium gekarrt.

Als wir das Präsidium nach einer ausgedehnten »Stadtrundfahrt« erreichten, wurde ich in eine große sogenannte Sammelzelle gesperrt. So etwas sollte jeder mal gesehen haben. (Nichts für Zartbesaitete!)

Beim Betreten der Massenunterkunft, in der die nächtliche Ausbeute »menschlichen Strandguts« verwahrt wurde, stockte mir der Atem. Wie ein bleierner Schwall schlug mir der penetrante Gestank von Kot, Urin, Schweiß, Alkohol und kaltem Zigarettenqualm entgegen.

Der fahle Schein einer einbetonierten Deckenfunzel tauchte den Raum in ein gespenstisches Licht. Ich glaubte, in einer Gruft gelandet zu sein. Das im Widerhall unermüdlicher Echos von den nackten Betonwänden zurückgeschleuderte Schnarchen und Röcheln der gekrümmten Gestalten, die entlang der Wände auf ihren Holzpritschen lagen, verstärkte meinen Eindruck noch.

Hier und da erhoben sich einige Köpfe und starrten mich teilnahmslos aus ihren verquollenen Augen an.

Einer fragte: »Haste mal ne Kippe, Alter?« Ich hatte.

Nahe der Zellentür bezog ich die einzige noch freie Pritsche. Es meinen Zellengenossen gleichtuend, packte ich mir meine Jacke unter den Kopf und versuchte zu schlafen. Es gelang mir nicht. Durch die harte, ungewohnte Unterlage begannen mir bald sämtliche Knochen zu schmerzen ...

Unruhig drehte ich mich von einer Seite auf die andere. Bataillone von Gedanken durchzogen mein Gehirn, und immer wieder die Frage: Warum nur dieser elende Verrat? Ich kochte vor Wut!

Gedanken der Reue bedrängten mich dagegen nicht! Überhaupt wurde ich in den Zeiten meines kriminellen Treibens nie von Reue oder dergleichen ergriffen. Was es zuweilen gab, war ein oberflächliches Erschrockensein über meine Brutalität, die immer schlimmere Ausmaße annahm. Ansonsten aber dominierten Wut, Enttäuschung und jämmerliches Selbstmitleid.

In der Gruft entstand Bewegung. Jemand vom anderen Ende der Zelle erhob sich schwerfällig von seiner Pritsche, torkelte schlaftrunken in eine der Ecken, um dort geräuschvoll gegen die Wand zu pinkeln. Es interessierte niemanden weiter.

Irgendwann gegen 6.00 Uhr früh erwachte dann auf den Gängen des Zellentrakts das Leben. Das Auf- und Zuschlagen der schweren Zellentüren riß auch den letzten aus seinen schummerigen Träumereien – zurück in die graue Realität seiner Gefangenschaft. Überall war jetzt das Gebrüll befehlsmäßiger Anweisungen zu vernehmen. Gut möglich, daß das sinnlose Gebrüll aber auch bloß einer aufsässigen Klospülung galt, die irgendwo ständig durchlief.

Bald wurde auch unsere Zelle aufgeschlossen, namentlich aufgerufen traten wir hinaus, um uns an einem versifften Spülbecken notdürftig zu waschen. Von den im Zellentrakt wichtigtuerisch herumschwirrenden Fußbodenkosmetikerinnen wurden wir böse und mißmutig angeglotzt.

Ihr Amt übergreifend, fühlten sich einige von ihnen dazu berufen, ebenfalls irgendwelche Anweisungen auszugeben. O ja, man spürte es den »Putzen« förmlich ab, daß es in erster Linie der Schmutz vor den Türen anderer war, mit dem sie sich am liebsten beschäftigten.

Nach der Morgentoilette wurde das Frühstück gereicht: zwei weichgekochte Eier, zarte Schinkenröllchen auf Toast und frischgepreßter Orangensaft. Dazu gab es noch Bohnenkaffee bis zum Abwinken ... Schön – nicht wahr? Leider aber zu schön, um wahr zu sein!

Tatsächlich gab es eine Scheibe Brot und eine schwarze, undefinierbare Trinkbrühe, im Jargon Negerschweiß genannt.

Mir reichte zu meiner Sättigung der bloße Anblick all dieser »Köstlichkeiten«.

Nach der provisorischen Morgentoilette und dem »ausgiebigen« Frühstück ging es zurück in die Zellen.

Auf meine Frage, was als nächstes anstünde, erfuhr ich von meinen Zellengenossen, daß sich die Kripo jeden einzelnen zur Vernehmung vornehmen würde. »Und zieh dich schon mal warm an, Junge, die fackeln hier nämlich nicht lange ...«, erhielt ich noch als wohlgemeinten Tip.

Nun, mir war auch ohne die bevorstehende Vernehmung schon warm genug. Wer sich bis zu seiner Vernehmung nicht wieder auf seiner Pritsche langmachen wollte, lief wie Falschgeld auf und ab. Mit der Zeit ging mir dieses Hin und Her bös auf die Nerven.

Ich saß auf meiner Pritsche, qualmte eine Zigarette nach der anderen und begriff immer noch nicht, wie mir geschehen war.

Meine Großmäuligkeit drohte mehr und mehr den Bach hinunterzugehen. Dennoch, der Gedanke, womöglich in den Knast zu marschieren, war mir so absurd, daß ich ihn nach wie vor weit von mir wies. Was konnten die mir denn schon ...

Hätte ich auch nur die leiseste Ahnung davon gehabt, was sich einige Etagen über mir abspielte – meine kläglichen Reste von Selbstsicherheit hätten endgültig ihren vernichtenden Schlag erhalten. Während ich nämlich noch in der Gruft auf meine Vernehmung wartete, hatte sich die Kripo längst meine Tatgenossen zur Brust genommen – und die sangen allesamt fast so »schön« wie die Nachtigallen. Ich sollte mich wirklich noch sehr, sehr warm anziehen!

Kurz nach 10.00 Uhr war es dann soweit, ich wurde aus der Zelle herausgeholt. Von zwei Kripoleuten eskortiert (damit ich unterwegs nicht »zufällig« verloren ging), fuhr ich in einem ächzenden Paternoster in die oberen Etagen des Polizeipräsidiums. Oben angekommen, wurde ich in ein spärlich eingerichtetes Vernehmungszimmer geführt, in dem einige weitere Kripomänner herumhockten.

Ich saß noch nicht ganz auf meinem Stuhl, als ihr Kreuzverhör auch schon wie ein Donnerwetter über mich hereinbrach. »Leugnen ist zwecklos«, hieß es, »wir wissen alles, Fietzke. Wenn wir jetzt noch etwas für dich tun sollen, dann nur, wenn du den Mund aufmachst . . .«

Es war also die väterliche Tour, wie sie so schön genannt wird.

Ich schwieg. Ich schwieg auch dann noch, als sie ihre Tour wechselten und unverhohlen mit Drohungen überkamen.

Die Vernehmung oder, treffender wiedergegeben, das Bohren dauerte Stunden; alles ohne Erfolg.

Gegen Nachmittag wurde ich zurück in meine Zelle gebracht, das heißt, ich erhielt zwei ekelhaft stinkende Wolldecken und landete für die Nacht in einer Einzelzelle.

Ich war allein, von allem abgeschnitten, wie lebendig begraben. Wo war sie hin, die während des Verhörs noch provozierend herausgekehrte Stärke und Großkotzigkeit? Da hing ich nun, ich elendes Großmaul, mit dem Traum vom Möchtegern-Boß, und drohte in den Sturzbächen meiner Tränen abzusaufen. Was war das bloß für ein Leben . . .

Wie in weiter Ferne zogen an meinem geistigen Horizont Gedanken an Gott und den Sinn des Lebens vorüber.

Aber sie waren zu weit weg, als daß ich sie hätte ergreifen können.

Dann erlösten mich Momente unruhigen Schlafes.

Am nächsten Morgen wurde ich einem Haftrichter vorgeführt, der darüber zu entscheiden hatte, ob ich in Untersuchungshaft mußte. Die Vorstellung war binnen weniger Minuten erledigt. Versehen mit einem roten Fetzen Papier – der mein Haftbefehl war –, ging es wieder zurück in die Zelle.

Dann, gegen Nachmittag, schlug mir endgültig die Stunde der Wahrheit. Ich wurde in einen Gefangenentransporter gesperrt und ins Untersuchungsgefängnis Köln-Ossendorf gekarrt.

Nur eine dreiviertel Stunde später schlossen sich hinter mir die schweren Stahltore eines Gefängnisses.

In meinen Vorstellungen waren Gefängnisse dunkle Bauten, über welche selbst die Sonne niemals schien. So sah ich mich in Gedanken auch schon auf einem Strohlager liegen, umgeben von gebeugten, verhärmten Gestalten; bewacht von grobschlächtigen, bösdreinschauenden Wärtern. Was sich dann aber vor meinen Augen auftat, war anders: kalt, abweisend und menschenfeindlich, glich mir das Gefängnis eher einem Sarkophag aus Panzerglas, Stahl und Beton.

Durch das Labyrinth zahlloser Gänge, die wie blankgebohnerte Tunnelröhren aussahen, wurde ich zur Umkleidekammer geführt. Das Zuschlagen der schweren Verbindungstüren und das metallene Geräusch großer Schlüssel dröhnte fremd und nachhaltig in meinen Ohren. An der Umkleidekammer angekommen, wurde ich in schäbige Knastklamotten gesteckt und dann endgültig weggesperrt.

Ich konnte es nicht fassen! Wieder und wieder fuhr ich mit meinen Händen über die kühle Oberfläche meiner stählernen Zellentür ... Hier sollten alle meine Wege enden? Nein, ich konnte es nicht fassen!

Von frühester Kindheit an ein behördliches Verwahrungs- und Versorgungssystem gewöhnt, lebte ich mich wider alle anfänglichen Befürchtungen doch recht schnell in mein Gefangenendasein ein. Wann war ich denn überhaupt schon einmal wirklich frei gewesen?

Der Knastalltag bot mir unzählige Parallelen zu meinen früheren Heimaufenthalten. Besonders interessant war für mich die Erfahrung, daß im Knast die gleichen hierarchischen Gesetze galten, die ich schon während all der Jahre im Heim kennengelernt hatte. Ob es – wie unter den Häftlingen – die Unterdrückung und Ausbeutung der Schwachen durch die Starken war oder aber die lausigen Willkürakte übergeordneter Aufpasser – alles war mir bestens vertraut.

Wenn es einen gravierenden Unterschied gab, dann in erster Linie den: Im Knast konnte ich unmöglich aus dem Fenster stürzen, denn die waren allesamt aufs sorgfältigste vergittert.

Es mag paradox klingen, aber im Grunde genommen war ich jetzt für die Jahre und Erfahrungen meines Heimlebens dankbar. Ich weiß nicht, wie ich sonst im Knast über die Runden gekommen wäre.

Natürlich soll das nicht heißen, daß es nun keine Probleme gegeben hätte. Irrtum! Die gab's, und zwar mehr, als mir lieb war.

In den Jahren meiner Heimaufenthalte hatte ich mich immer für den Größten gehalten, zumindest aber so gebärdet. Ich nahm, was mir nicht gehörte, und prügelte auf alles los, was mir nach meinem Gutdünken irgend »blöde« kam. Es war nicht schwer für mich, das abschreckende Image eines Tyrannen zu pflegen. Ich erinnere mich an Zeiten, in denen ich zutiefst unglücklich darüber war, im Kreise meiner Kameraden nicht auf mehr Widerstand gestoßen zu sein.

Was ich wollte, wurde mir von ihnen nachher schon »freiwillig« nachgeschmissen.

Im Knast liefen die Dinge ein bißchen anders, um nicht zu sagen, ein bißchen viel anders.

Die ersten Wochen waren sehr hart, lernte ich unter anderem doch eine ganz neue »Güteklasse« der Brutalität kennen. Mit großen Sprüchen und Drohgebärden allein war im Knast noch kein Blumentopf zu gewinnen, geschweige denn Respekt und Ansehen.

Aber ich lernte schnell! Wie immer, wenn es darum ging, das Repertoire an Gemeinheiten noch zu erweitern.

Bald kam es zu den ersten schweren Ausschreitungen. Schlägereien mit Mitgefangenen häuften sich rapide. Es dauerte nicht lange, und ich genoß auch im Knast einen äußerst miesen Ruf.

Die »erzieherischen« Gegenmaßnahmen der Anstalt waren drakonisch.

Es war kurz nach der Abendbrotausgabe (vier Scheiben trockenes Brot, zwei Scheiben Wurst), als ich gemeinsam mit etwa fünfzehn anderen Häftlingen in den provisorisch hergerichteten Fernsehraum geschlossen wurde. Dort durften wir uns alle vierzehn Tage für eine knappe Stunde von irgendwelchen Werbeszenen vollspinnen lassen.

Um nicht wie bescheuert vor der Glotze zu hängen, spielten die meisten Karten, oder sie kauten sich in kleinen Gesprächsrunden, beim Erzählen irgendwelcher Zoten, gegenseitig die Ohren ab.

In der Regel verliefen solche Fernsehabende immer recht friedlich. Laut wurde es lediglich mal, wenn sich die Kartenspieler gegenseitig beim Falschspiel erwischten; aber so was endete allgemein in einem Wortgefecht.

Anders an diesem Abend. Anlaß für die handgreifliche Auseinandersetzung war jedoch nicht das Falschspiel, sondern ein Mitgefangener, der mich schon längere Zeit auf dem Zettel hatte und nun endlich die Gunst der Stunde für gekommen sah, mir das Freßbrett zu polieren. Auf gut deutsch: mir die Zähne einzuschlagen.

Wo ich konnte, hatte ich den Kerl gemieden, denn ich hatte nicht wenig Manschetten vor ihm. In der Enge des Fernsehraums gab es kein Ausweichen mehr. Sicher, ich hätte die Ampel (Lichtmelder) drücken und mich aus dem Raum rausschließen lassen können. Aber das hätte für mich zur Folge gehabt, daß ich bei den übrigen Gefangenen als sogenannter Anscheißer untendurch gewesen wäre.

Ein solches Image kann man sich im Knast aber am allerwenigsten leisten!

Für mich galt in dieser brenzligen Situation nur noch die Devise: Sekt oder Selters, wie es so hübsch heißt. Um nicht mein Gesicht zu verlieren, mußte ich mich also geradema-chen.

Bewaffnet mit einem klobigen Anstaltsschuh, kam mein Kontrahent auf mich losmarschiert, um mir diesen ins Gesicht zu stellen.

Der Spuk dauerte nicht lange. Wie vom Blitz gefällt, ging er zu Boden, wo er liegenblieb.

Mächtig stolz darüber, daß ihn schon der erste Schlag zu Boden geschickt hatte, baute ich mich breitbeinig über ihm auf und tönte, daß er noch mehr haben könne, wenn er hochkäme.

Unter den übrigen Knackis herrschte Jubel: Mach ihn richtig alle, Rudi . . .!

Doch mir war nach Allemachen nicht zumute. Mit sonderbar verdrehten Augen lag der Junge am Boden und zeigte keinerlei Regungen mehr. Ah, die Tour also, dachte ich zuerst noch. Erst die große Klappe riskieren, und nun den sterbenden Schwan markieren . . . Aber der Junge markierte nicht! Ich kickte ihn leicht mit dem Fuß an, aber auch darauf reagierte er nicht. Ich bekam Panik! Der Kerl war doch wohl nicht am Abnibbeln . . . Die Jubelrufe meiner Mitgefangenen verstummten schlagartig.

Mittlerweile hatte irgend jemand den Lichtmelder betätigt, kurz darauf wimmelte es von Aufpassern.

Für die nicht von mir angezettelte Auseinandersetzung erhielt ich wenig später vierzehn Tage Arrest, »mit allen Verschärfungen«.

Die Frage, wer den Zwischenfall ausgelöst hatte, interessierte ebensowenig wie die entlastenden Aussagen der vielen Zeugen. Die Zeugenaussagen seien doch fingiert. Punkt.

Zur Verbüßung meiner Arreststrafe »mit allen Verschärfungen« wurde ich in den »Bunker« gesteckt. Der »Bunker« war ein unterirdisches Verlies. Ich mußte mich vor einem halben Dutzend Aufpasser nackt ausziehen und bekam Arrestantenklamotten, die die Ausmaße eines Ein-Mann-Zeltes hatten. Um beim Auf- und Ablaufen meine Hose nicht zu verlieren, mußte ich diese ständig mit einer Hand festhalten. Gürtel oder ähnliche Hilfsmittel waren strengstens verboten, man hätte sich ja möglicherweise damit aufhängen können.

Die Arrestantenverpflegung bestand aus ein paar Gramm trockenem Brot und einer ungenießbaren Trinkbrühe. Jeweils am dritten Tag nur erhielt ich eine warme Mahlzeit. (Gut für Übergewichtige!) Geschlafen wurde auf einer in Beton eingesetzten Holzplatte. (Für was das gut sein könnte, bin ich leider überfragt.)

Um das Maß solcher »erzieherischer« Disziplinarmaßnahmen gänzlich vollzubekommen, ließ man nicht nur Tag und Nacht das Licht brennen (bewußt herbeigeführte Schlafstörung!); über eine Umluftheizung wurde häufig auch noch kalte Luft in den ohnehin schon ausgekühlten Raum geblasen.

Eine andere Methode, um mir auf die Sprünge zu helfen, war meine Unterbringung in der sogenannten B-Zelle (Beruhigungszelle).

Die Erfindung der B-Zelle kann ich auch heute nur als das Werk eines Sadomasochisten bezeichnen.

Hermetisch abgeschottet, lagen diese Zellen ebenfalls im unterirdischen Bereich der Haftanstalt. Der Raum maß etwa fünfzehn bis zwanzig Quadratmeter. Auf dem Boden lag eine dünne Kunststoffmatte, an deren Seiten sich stählerne Hand- und Fußfesseln befanden. Sie waren an kurzen Ketten im nackten Betonboden verankert.

Ein zusätzlicher Brustgurt ließ als einzige Bewegungsmöglichkeit allenfalls noch das Atmen zu.

Eine wahrlich perverse Erfindung also!

Wie sich ein Aufenthalt in der B-Zelle ausnehmen konnte, will ich hier nur an einem Fall aufzeigen.

Halbnackt, an Händen, Füßen und quer über die Brust gefesselt, lag ich bereits mehrere Stunden bewegungsunfähig auf dem Boden.

Die automatischen Hand- und Fußfesseln, die sich schon beim geringsten Versuch einer Bewegung immer enger zuzogen, schnitten mir tief in die Haut. Längst waren mir die Hände und Füße wie abgestorben. Zu allem Überfluß meldete sich jetzt auch noch ein ganz natürliches Bedürfnis: Ich mußte dringend pinkeln.

Den Druckknopf für die Lichtmeldeanlage unerreichbar vor Augen, lag ich dort angekettet und schrie mir die Kehle aus dem Hals. (Und das, obwohl ich doch zur »Beruhigung« in dieses Loch gesteckt wurde!)

Niemand konnte mein Rufen vernehmen. Es muß dann im Zuge einer Routinekontrolle gewesen sein, als endlich mehrere Aufpasser angetanzt kamen und mich höhnisch nach meinem »Wohlbefinden« fragten.

Wütend und vor Schmerzen wie zugeschnürt, preßte ich mein Anliegen hervor, dringend mal pinkeln zu müssen.

Als einer meiner Aufpasser kurz darauf mit einer »Ente« (Urinflasche) angewatschelt kam und mir das Ding umständlich ansetzte, lief gar nichts.

(Man stelle sich vor: Einer sitzt auf einer Toilette und um ihn herum stehen mehrere Personen, die nur darauf warten, daß er endlich loslegt. Ihm würde auch alles vergehen.)

Auf dem Boden liegend, umringt von einer Schar herabblickender Aufpasser, war das genau meine Situation.

Um die Sache dann aber doch noch zum Laufen zu bringen, wurde kurzerhand ein Sanitätsbeamter beordert. Der kam auch irgendwann.

Bewaffnet mit einem Katheter, kniete er sich über mich und versuchte mir das Ding einzuführen. Dabei ging er so ruppig vor, daß ich vor Schmerzen aufschrie und ihn aufforderte, den Vorgang sofort abzubrechen. Er dachte nicht daran. Erst nach der zweiten Aufforderung ließ er endlich von mir ab.

Mit den Worten: »Jetzt müßte man dir die Eier abschneiden« verzog er sich pöbelnd aus dem Raum.

Als wenig danach auch die anderen verschwanden,

machte ich mir erleichtert in die Hose. Daß ich dafür hernach als »Dreckschwein« beschimpft wurde, juckte mich nicht.

Man sollte meinen, daß mich die geschilderten Disziplinarmaßnahmen in meinem jugendlichen »Übermut« gehörig ausgebremst hätten; aber nichts dergleichen haben sie letzten Endes vermocht. Je mehr »erzieherischer« Druck ausgeübt wurde – wobei sehr viel Willkür mitschwang –, desto härter wurden die Fronten.

Nach viermonatiger Untersuchungshaft, die mir endgültig den letzten Feinschliff für meine kriminelle Karriere verpaßte, wurde mir vor der Ersten Großen Strafkammer der Prozeß gemacht. Nach zwei Verhandlungstagen verließ ich das Gericht als freier Mann.

Da ich sogenannter Ersttäter war, mir zudem nur wenig nachgewiesen werden konnte, wurde meine zweijährige Haftstrafe zur Bewährung ausgesetzt.

Wenn die wüßten! dachte ich noch hämisch beim Verlassen des Gerichtssaals.

Triumphzug in den Abgrund

Meine wenigen privaten Habseligkeiten, die ich in meiner Zelle aufbewahrte, waren schnell zusammengerafft.

Schwankend zwischen Glück und tiefer Hoffnungslosigkeit verließ ich das Untersuchungsgefängnis. Wie würde es weitergehen?

Die düsteren Prophezeiungen meiner Aufpasser über ein baldiges Wiedersehen hallten mir noch in den Ohren, als der Knast schon lange außer Sichtweite lag. »Mich seht ihr in diesem Puff nicht wieder«, tönte ich ihnen noch lauthals entgegen, aber sicher war ich mir dabei nicht.

»Nutzen Sie diese Chance, Herr Fietzke. Sollten wir uns noch mal sehen, versichere ich Ihnen, daß Sie nicht wieder so davonkommen.«

Ohne Frage, die Worte meines Richters waren gutgemeint, nicht einfach nur so dahergelabert. Aber was meinte er konkret mit Chance?

Und wenn ich die lautersten Absichten gehabt hätte, welche konkreten Chancen wären mir geblieben – jetzt auf meinem Weg zurück in mein altes Umfeld? Aus meiner Einzelzelle entlassen, ging es nämlich stante pede zurück in meine Dreimann-Zelle im Carl-Sonnenschein-Haus.

Meinen Job war ich los. Von seiten des Carl-Sonnenschein-Hauses war keine Hilfe zur Wiedereingliederung zu erwarten. Ich hatte ein Bett unterm Hintern, drei Mahlzeiten am Tag, um den Rest meiner Sozialisation hatte ich mich selbst zu kümmern.

Pardon, ganz so aufgeschmissen war ich gar nicht. Immerhin hatte ich ja einen Bewährungshelfer – und was für einen. Den Kerl hätte ich am liebsten in der Pfeife geraucht! Also war ich letztendlich doch aufgeschmissen. (Fairerweise sei aber auch darauf hingewiesen, daß mein Bewährungshelfer über fünfzig (!) Probanden am Hals hatte. Daß angesichts einer solchen Zahl der einzelne auf der Strecke blieb, kann nicht verwundern.)

Die ersten Tage nach meiner Haftentlassung brachte ich damit zu, im Carl-Sonnenschein-Haus die Klos zu putzen sowie leere Bier- und Schnapsflaschen einzusammeln. Honoriert wurde der Job mit einem Zehner Taschengeld die Woche. Die Kohle reichte nicht einmal, um meinen Zigarettenbedarf zu decken.

Es dauerte dann auch nicht einmal ganze zwei Wochen, bis mir die Sache zu stinken begann und ich mich darauf zurückbesann, wie anders noch Geld zu machen war. Von großem Nutzen sollten mir die vielen »wertvollen« Tips werden, die ich während meiner Untersuchungshaft wie ein ausgedörrter Schwamm aufgesogen hatte.

»Wenn du richtig absahnen willst, mach Villen und Einzelhäuser . . .« So einer von unzähligen Tips. Ich entschied mich für Villen und Einzelhäuser –, aber auch noch für ein bißchen mehr.

Wie ich, so war auch Bully arbeitslos und verdingte sich im Carl-Sonnenschein-Haus beim Kloputz. Daß ihm dabei nicht nur die Klos stanken, war für mich schnell ausgemacht. Bully kam aus dem linksrheinischen Teil Kölns, wo seine Familie in bitterarmen Verhältnissen vegetierte. Als der älteste von neun Kindern mußte er seinen jüngeren Geschwistern das heimische Feld räumen und landete so im Carl-Sonnenschein-Haus.

Wir waren uns schnell einig: Mochte künftig die Klos putzen, wer wollte, den Alkis sonstwer ihre weggeworfenen Bier- und Schnapsbuddeln hinterherräumen – wir hatten die Schnauze voll und entschlossen uns zu verduften.

Ich war zwar durch meine Bewährungsauflagen an das Carl-Sonnenschein-Haus als Wohnsitz gebunden, aber wen interessierte das schon. Mich nicht!

Wohin aber, wenn man keine Bude hat? Das Problem war schnell gelöst: Ein Auto mußte her. Von unserem ersten gemeinschaftlichen Einbruch kauften wir uns einen alten Opel, der uns nach unserem Auszug aus dem Carl-Sonnenschein-Haus als Wohn- und Schlafstätte diente. Klar, von Bequemlichkeit konnte angesichts der beengten Verhältnisse keine Rede sein, aber wir waren jetzt immerhin ungebunden.

Frei von allen empfundenen Zwängen einer Wohngemeinschaft und ihren aufdiktierten Ordnungen, genossen wir selbst in der Enge unserer vierrädrigen Behausung die Weite allen vermeintlichen Tun-und-lassen-Könnens. Doch – ich fand diese Art zu leben echt stark!

Um den Dreh zur Zivilisation nicht ganz zu verlieren, ging es allmorgendlich in eines der Kaufhäuser der Kölner Innenstadt. Dort verrichteten wir auf den Kundentoiletten unsere Morgenwäsche. Gefrühstückt wurde anschließend im Kaufhaus oder in irgendeiner der umliegenden Kaschemmen des Viertels.

Als weitere Anlaufstellen dienten uns Studenten- und Ausländerwohnheime. Dort, das wußten wir, wurden von Haus aus keine blöden Fragen gestellt. In den Heimen konnten wir uns unter anderem duschen und auch notdürftig unsere Schmutzwäsche wieder auf Vordermann bringen. Unterhosen, Socken und Handtücher wurden in die hinteren Wagentürfenster geklemmt und im Fahrtwind getrocknet. (Noch heute wundere ich mich darüber, in dieser Aufmachung nie einer Polizeistreife aufgefallen zu sein.)

Hinsichtlich unseres kriminellen Gewerbes fanden wir in Köln und Umgebung ein reiches Betätigungsfeld. Was da in kürzester Zeit zusammenkam, konnte sich sehen lassen.

Vergessen waren bald die Waschräume irgendwelcher Kaufhäuser oder Studenten- und Ausländerwohnheime. Vergessen war auch die Enge unserer vierrädrigen Behausung namens Opel. Fortan war es eines der teuersten Hotels am Ort, wo wir unser Domizil bezogen.

Wenige Wochen zuvor noch mit ein paar lumpigen Märkern durch die Woche rotierend, waren wir jetzt gestopft wie die Weihnachtsgänse.

Ich war noch nicht ganz achtzehn Jahre alt, als ich meinen »Platz an der Sonne« (so pflegte ich meinen neuen Stand zu bezeichnen) endlich für gefunden wähnte. Ich kam aus dem Triumphieren nicht wieder heraus.

Jetzt dämmerte mir, worauf ich all die zurückliegenden Jahre hatte verzichten müssen. Nie wieder ein Nichts sein wollen, nie wieder für irgend jemanden den Kuli spielen müssen – das schwor ich mir. Und wenn ich dabei über Leichen gehen mußte. Meinen »Platz an der Sonne« wollte ich nicht wieder räumen!

Die krummen Geschäfte liefen bombig. Neben unseren täglichen Einbrüchen holte ich zusätzlich noch eine Bank nach der anderen rüber. Kennst du den Unterschied zwischen einem Armen und einem Reichen? Der Arme dreht die Mark dreimal um, bevor er sie ausgibt. Der Reiche dreht sie dreimal um und wundert sich, wie sie in seine Tasche kommt. Ich habe das Geld nicht mehr gedreht, sondern nur noch geschmissen. Ich hatte schließlich einen enormen Nachholbedarf!

Wäre der Sinn des Lebens in der Anhäufung materieller Güter sowie gestopfter Brieftaschen zu suchen gewesen, ich hätte mich mit meinen achtzehn Lenzen auf dem besten Weg zum Ziel wähnen können. Zumindest aber hätte ich angesichts meines kometenhaften Aufstiegs allemal zufrieden sein müssen.

Doch die Wahrheit sah leider anders aus. Ich griff zur Flasche! Exzessive Besäufnisse und die übelsten Entgleisungen sollten mir helfen, die qualvolle Sinnleere und Hoffnungslosigkeit meines Lebens niederzuhalten.

Ich geriet wie unter einen Bann, wenn die ersten schummerigen Strahlen der »Kellner-Sonnen«, der Reklamelichter der Bars, die hereinbrechende Nacht ankündigten: Dann war Saufen und mehr angesagt.

Körperlich war ich nur noch ein Schatten meiner selbst. Geplagt von Halluzinationen, Verfolgungswahn und einer undefinierbaren Angst, trieb mich der Gedanke um, Schluß zu machen.

Meine Vorstellungen vom Glück und Lebenssinn als die Summe materiellen Wohlergehens erwiesen sich mehr und mehr als Schuß in den Ofen.

Der Krug geht so lange zum Brunnen, bis er bricht, sagt ein weises Sprichwort.

Die Schönheit des Morgens verhieß wieder einen herrlichen Tag – zumindest aus meteorologischer Sicht.

Nach außen den Zufriedenen mimend, hockte ich im Frühstücksraum meines Hotels und kippte mir abwechselnd Unmengen von Kaffee und frischgepreßtem Orangensaft rein. Von fester Nahrung wollte mein Magen zu so früher Stunde nichts mehr wissen.

Zaghafte Versuche, ihn hier und da umzustimmen, endeten zumeist mit einem rekordverdächtigen Spurt aufs ...

Hätte das geübte Auge unseres Tischkellners nicht längst erkannt, daß die Mengen Flüssigkeit einzig zur »Brandbekämpfung« dienten, womöglich hätte er mich für einen Gesundheitsapostel gehalten ...

Bully saß mir gegenüber und wunderte sich wie an jedem Morgen, wie ich Kaffee und Säfte frischen Brötchen und Drei-Minuten-Eiern vorziehen konnte. Er selbst trank selten. Er hielt es mehr mit seiner Familie, die er in beeindruckender Weise nach allen Regeln der Kunst unterstützte.

Neben Bullys Versuchen, über den Verzehr des Frühstücks einen kleinen Teil der hohen Hotelkosten rauszuaasen, diente uns das kulinarische Meeting zugleich als Arbeitsessen.

Nachdem über die Ereignisse des Vortages Bilanz gezogen wurde, gingen wir die Planung für den neuen Tag durch. Es wurden neue Ortschaften, Wege und Arbeitsmethoden in Augenschein genommen. Nichts lief auf blauen Dunst, wenn schon »arbeiten«, dann bitte auch mit System.

Für den Tag hatten wir uns eine Villengegend im Bergischen Umland von Köln ausersehen. So ein kleiner Ausflug ins Grüne, verbunden mit ein paar Stunden Arbeit, schien uns eine feine Sache.

Nach dem Frühstück marschierten wir auf das hoteleigene Parkdeck, schwangen uns in die Karre und fuhren los.

Da wir einen relativ gleichbleibenden Rhythmus pflegten, fielen wir im Hotel überhaupt nicht auf. Mit meinen achtzehn Lenzen kam ich zudem gut und gerne als über Zwanzigjähriger durch. Nicht anders Bully. Dem Rest etwaiger Fragen kamen wir mit großzügigen Trinkgeldern zuvor.

Alles an diesem Morgen verlief zufriedenstellend. Kleinere Pannen oder Zwischenfälle nahmen wir nicht weiter tragisch, das gehörte schließlich zu unserem Gewerbe. Riskierte ein Maurer nicht ebenfalls täglich seinen Absturz vom Baugerüst?

Gut, die Beute hätte gerne etwas üppiger ausfallen können, aber alles ging gut über die Bühne, und wir befanden uns auf dem sicheren Heimweg. Im Strom des aufbrandenden Berufsverkehrs fühlten wir uns vor etwaigen Polizeikontrollen sicher aufgehoben.

Der gemütliche Teil des Tages war angesagt. Glaubten wir jedenfalls.

Daß uns wenig später schon der Krug aus den Händen gleiten sollte – um noch einmal das Bild aufzugreifen –, ahnten wir nicht.

Und warum auch ... Andächtig starrte ich aus dem Fenster unseres Wagens hinaus und bewunderte die Schönheit der vorbeigleitenden Landschaft. Links und rechts entlang unserer Straße lagen im herrlichen Grün die Wälder des Bergischen Landes. Dazwischen schlängelten sich rein und bunt Meere von Blumen sowie das Goldgelb schwerträchtiger Getreidefelder ... Nein, ich sah wirklich keinen Grund, warum ich mich in meiner Bewunderung für all diese Herrlichkeiten jetzt durch dunkle Vorahnungen beschweren lassen sollte.

Was mich dazu veranlaßte, aus dem sicheren Verkehrsstrom auszuscheren, ist mir bis heute ein Rätsel geblieben. Ich verspürte plötzlich nur den unbändigen Wunsch, noch einen kleinen Abstecher über die umliegenden Dörfer zu machen.

Wir verließen die Hauptstraße, landeten auf einer Nebenstraße und dort prompt in einer Polizeikontrolle. Die mußten wirklich wie aus heiterem Himmel gekommen sein ... Jedenfalls war ich so was von überrascht, ja perplex, daß mir in diesem Augenblick nicht einmal mehr das für solche Fälle Naheliegendste einfiel: nämlich Vollgas zu geben und die Flucht anzutreten.

Daß ich keinen Führerschein besaß, beunruhigte mich noch am wenigsten. Auch die drohende Beschlagnahme meiner Karre konnte mich nicht aus der Fassung bringen. Ich besaß schließlich noch zwei weitere Fahrzeuge. Außerdem waren mir noch immer rettende Sprüche eingefallen, wenn es mal wieder hieß: »Ihre Papiere bitte ...« Nein, Grund zur Sorge war das alles nicht. Aber etwas anderes machte mir Sorgen, und das war das Diebesgut in meinem Wagen.

Vielleicht hätte ich den Jungs von der Polizei ja erzählen

können, daß ich Pelze, Schmuck, Schecks und Sparbücher, wie sie sich zuhauf in meiner Karre türmten, im Lotto gewonnen hätte. Eines aber galt für mich schon immer als gesichert: Unsere Polizei beschäftigte keine Schwachköpfe! Und weil ich es auch jetzt nicht mit Schwachköpfen zu tun hatte, war für die Jungs schnell ausgemacht, wer ihnen da ins Netz gegangen war. Der Rest war Routine.

In Handschellen gelegt, ging es auf die nächste Polizeistation. Auf der Dorfwache angekommen, wurden wir fast wie eine längst überfällige Abwechslung in Empfang genommen.

Wohl von dem Einerlei entlaufenen Viehs und der Sicherstellung »humpelnder« Traktoren zu Tode gelangweilt, sah man in unserer Festnahme offenbar wieder Sinn und Daseinsberechtigung auch entlegener Dorfwachen.

Rückkehr nach Ossendorf

Von Bully getrennt, landete ich in einer auf Hochglanz gewienerten Zelle. Es hätte das Examen einer »Putze« gewesen sein können, selbst die für solche Etablissements üblichen Wandschmierereien waren säuberlich weggeputzt.

Etwa zwei Stunden nach unserer überraschenden Festnahme wurden wir von einem zivilen Fahrzeug der Kripo ins Untersuchungsgefängnis nach Köln-Ossendorf kutschiert. Wieder ging es vorbei an wogenden Feldern, blühenden Wiesen und grünen Wäldern. Ihre vom Abendwind bewegten Wipfel glichen zum Abschied winkenden Händen.

Ich landete im selben Zellenhaus, aus welchem ich ein Jahr zuvor entlassen worden war.

Für meine Aufpasser war mein neuerliches Aufkreuzen zumindest insofern befriedigend, als sie sich, wie so oft in ihrer Nebentätigkeit als Untergangs-Propheten, wieder einmal bestätigt sehen konnten. Das Begrüßungsritual nahm sich aus wie das alter Bekannter, und als solcher galt ich nunmehr.

Von meiner ersten Inhaftierung her bestens mit den Gepflogenheiten des Knastalltags vertraut, legte ich von vornherein eine brutale und rücksichtslose Gangart gegenüber meinen Mitgefangenen ein. Im Gegensatz zu meinem ersten Gastspiel genoß ich nun bei einigen meiner Aufpasser zweifelhaftes Wohlwollen. Was das heißt? Nun, ging mir beispielsweise ein Mitgefangener zu sehr auf den Nerv, dann konnte ich ihn mir ruhig einmal herausgreifen, um . . . Ersparen wir uns Einzelheiten hierzu.

Wie schon während meiner ersten Inhaftierung, so hatte ich auch beim zweiten Mal wieder das »Vergnügen«, wiederholt im »Bunker« zu landen. Denn nicht von allen Aufpassern wurden meine Eskapaden stillschweigend oder gar billigend hingenommen.

Als man irgendwann begriff, daß auch die schärfsten Disziplinarmaßnahmen nicht greifen wollten, griff man sich kurzerhand den Anstaltspsychologen und setzte ihn auf mich an.

Himmel – aus welcher Klapsmühle ist der denn entsprungen? fragte ich mich, als ich ihn das erste Mal sah.

Der gute Mann mochte um die vierzig gewesen sein. Von seiner Statur her stand zu befürchten, daß schon der Luftzug einer zugeschlagenen Tür ausreichen würde, um ihn aus seinem schlottrigen Anzug zu befördern. Mir paßte an dem Kerl nichts – und am wenigsten noch seine abgelassenen Sprüche. Ich konnte mir nicht helfen – wenn ich den Kerl sah, sah ich rot!

An einem Nachmittag war für mich dann auch Schluß mit Lustig.

Ich hockte am Tisch in meiner Zelle und stocherte mißmutig in meinem Mittagessen herum. Was da auf meinem Nirosta-Blech lag, sollte Fisch sein. So jedenfalls annoncierte es der Essensplan. Das arme Tier, oder besser, was davon noch übriggeblieben war, glich jedoch eher einer schon mehrfach verdauten und wieder ausgespienen Masse. Die dazu kredenzte Dillsauce hätte sich gewiß auch als Tapetenkleister vorzüglich verwenden lassen. Nicht viel besser war es um die mitgelieferten Kartoffeln bestellt. Hart, wie sie waren, wären sie als Wurfgeschosse sicher nicht ungefährlich gewesen.

Es gibt Schlimmeres im Leben, tröstete ich mich; außerdem war ich ja nicht in einem Hotel oder Gourmet-Schuppen.

Ich hockte also am Tisch, als der »Dachdecker« wieder einmal bei mir aufkreuzte und sich wie üblich betont jovial nach meinem Wohlergehen erkundigte.

Ob der sich nach deinem Wohlergehen erkundigt oder in China ein Sack Reis umfällt . . . Der Kerl war mir nicht nur äußerst unsympathisch, er spielte zu allem auch noch den Zuträger für eine Behörde, auf die ich nun überhaupt nicht zu sprechen war. Für mich war denn auch von Haus aus klar, »daß ich einen Teufel tun wollte«, mit diesem Mann zu kooperieren.

Was mich an diesem Nachmittag unserer Begegnung dann dazu trieb, von meiner unzugänglichen Haltung kurz abzurücken, vermag ich heute nicht mehr zu sagen. Wütend und haßerfüllt riß ich sozusagen den Deckel über meinen inneren Abgründen beiseite und ließ den Seelendoktor für wenige Augenblicke in mein Inneres hineinschauen.

Zu keiner Zeit davor und danach habe ich je wieder jemanden so fluchtartig aus meiner Zelle stürzen sehen!

Der Mann ließ sich nie wieder bei mir blicken. Für mich schien damit das Puzzle meines verpfuschten Lebens endgültig vervollständigt. Wenn dir nicht einmal mehr ein Psychologe helfen kann, wer dann?!

Obwohl ich inwendig wie abgewrackt war, ein Häufchen Elend und nicht mehr, ließ ich gegenüber meinen Mitgefangenen beständig den Harten heraushängen.

Großmäulig, mit einer vorgegaukelten Immunität gegen alle Anzeichen einer aufkommenden Schwäche getarnt, versuchte ich krampfhaft, das Image der vermeintlichen Unverwundbarkeit hochzuhalten.

Doch es war gerade diese Großmäuligkeit, diese inwendige Hohlheit, die mich über alle Maßen ankotzte. Und wie sehr war mir meine eigentliche Jämmerlichkeit zuwider, die sich mir in all den gefürchteten Augenblicken des Alleinseins offenbarte! Wie zur Nacht abgeschminkt, die Maske des Tages vom Gesicht gerissen, gab es in den dunklen, langen Nächten kein Entfliehen mehr vor den Schrekken meines Selbstbildes.

Gebet

Was uns Menschen vom Tier unterscheidet, ist die Fähigkeit des Menschen, zu beten. Mit diesen Worten, die ich irgendwann einmal von einem Wanderprediger aufgeschnappt hatte, versuchte der Gottesmann wohl, endlich Ordnung in das heillose Wirrwarr der Fragen nach unseren Ahnen zu bekommen.

Für mich galt jetzt zumindest als gesichert, daß ich nicht einem Rudel reißender Wölfe als Familienstammbaum entsprungen sein konnte: versuchte ich doch auch zu beten. Und tatsächlich, hier und da gelang es mir sogar, einige Worte und Sätze hervorzustammeln, von denen ich dachte, daß sie sich »da oben« vielleicht recht akzeptabel anhörten.

Vermutlich wird es aber eher so gewesen sein, daß meine Vorträge »da oben« allenfalls Kopfschütteln auslösten.

Das konnte die Bitte um einen Blitzabgang (sofortige Entlassung aus der Haft) sein oder aber die Bitte, Bullen und Staatsanwaltschaft im Zuge ihrer Ermittlungen gegen mich mit Blindheit zu schlagen ...

Es ging mir in meinen gen Himmel gesandten Vorträgen also nur um solchen oder ähnlichen Spinnkram.

Für den sachkundigen Beobachter hätten diese Gebets-Szenen eine Anleihe aus dem Alltag der Gastronomie gewesen sein können: Ich, als der ungeduldige Gast, der alle möglichen Bestellungen an den Mann bringen wollte, und Gott in der Rolle eines Oberkellners, der doch bitteschön und gefälligst wohlwollend auf meine Bestellungen abzunicken hatte.

Um im gastronomischen Bild zu bleiben: Am Ende erging es mir wie schon allen vor mir, die ihre Rechnung ohne den Wirt gemacht haben wollten!

Und so war ich denn im Grunde auch über den Verdacht nicht weiter erstaunt, daß meine »Gebete« höchstens bis zur Decke meiner Zelle gelangten, von wo sie in einem Schauer leerer Worthülsen auf mich zurückprasselten.

Der Gedanke aber, Gott um Vergebung meiner Schuld zu bitten, ihn darum zu bitten, sich meines verpfuschten Lebens anzunehmen, kam mir nicht. Was wußte ich denn von einem solchen Gott, der seinen eigenen Sohn auch um meiner Schuld willen ans Kreuz schlagen ließ, damit ich frei sein konnte? Nichts! Absolut nichts!

Natürlich waren die hochdotierten Jobs knastansässiger Pfarrstellen allesamt besetzt, aber was kümmerte einen A-14er mit Pensionsanspruch schon das Elend eines gewöhnlichen Kriminellen? Nichts! Absolut nichts!

Die Brüder waren durch die Bank – so wie ich sie kennengelernt habe – von anderen Sorgen geplagt als von der um das Heil der ihnen anvertrauten Seelen.

Entlassung mit programmiertem Rückfall

Ich glaubte mich um eine Erfahrung im Leben reicher. Deswegen: Egal, welchem Zweck das Gebet dienen mochte, egal auch, was immer es zu bewegen imstande sein sollte und was man der Fähigkeit des Betenkönnens an Beweiskraft zubilligte – für mich blieb das Gebet vorerst noch ein gegenstandsloses Geschwafel alter Leute und unwissender Kinder.

Scheinbar hat selbst der »liebe« Gott seine Günstlinge, dachte ich ein wenig resigniert und ging wieder zur Tagesordnung über.

Nach sechs turbulenten Monaten der Untersuchungshaft mußte ich mich erneut vor Gericht verantworten. Es war nun das zweite Mal.

Anders als beim ersten Mal stand ich jetzt als sogenannter Wiederholungstäter vor dem Kadi. Sicher werden sie dir diesmal ganz gehörig eins überbraten, dachte ich nicht ohne Panik. Um so mehr war ich überrascht, als man mich allen Ernstes erneut zu einer Strafe auf Bewährung verdonnerte. Ich konnt's fast nicht glauben!

Aber es war nicht nur die Strafe auf Bewährung, die bei mir für große Überraschung sorgte. Bewährung ohne irgendwelche Auflagen gibt es nicht. Und weil das so ist, bekam ich doch tatsächlich die Auflage, mich wieder im Carl-Sonnenschein-Haus einzufinden! Ich dachte in diesem Moment nur noch: Die können doch wohl nicht mehr ganz dicht sein . . .

Mein Wunsch, eine eigene Wohnung zu beziehen, wurde rigoros verworfen! Ich wäre dann völlig ohne Aufsicht und . . . bla bla bla.

Mit den Worten: »Dann behalten Sie mich doch gleich im Knast . . .« verließ ich den Gerichtssaal.

Als ich wenig später auf die Straße hinaustrat, wußte ich, daß das nicht meine letzte Gerichtsverhandlung gewesen sein sollte.

Es war am späten Nachmittag, als ich ins Carl-Sonnenschein-Haus zurückkehrte. Alles war unverändert. So wie es da abseits der Straße lag, mit den herumlungernden Gestalten vor der Tür, mochte wohl selbst dem Zahn der Zeit jeglicher Appetit darauf vergangen sein, irgendwelche Veränderungen zu bewirken.

Kontakte zu Mitbewohnern suchte ich nicht mehr. Mich ekelte die Sippschaft entsetzlich an! Bewährungsauflagen hin, Bewährungsauflagen her – ich wollte nur noch raus aus diesem elenden Schuppen!

Gleich nach dem morgendlichen Aufstehen verließ ich das Haus und lungerte in der Stadt herum. Der Gedanke, wieder in kriminelle Machenschaften einzusteigen, ließ mich nicht los. Noch einmal so richtig hinlangen und dann ins Ausland verschwinden, das war mein Traum.

Träumer waren auch meine neuen Weggefährten. Doch

anders als ich, der ich von einem großen Coup träumte, träumten sie von einer besseren Welt.

Ich lernte die Bewohner einer Kommune auf dem Plateau vor dem Kölner Dom kennen. Nachts von jugendlichen Strichern und ihnen nachgeifernden Freiern in Beschlag genommen, diente der Platz am Tage allen möglichen Gruppen und Grüppchen als Tummelplatz.

Zur Quelle neuer Perspektiven wurden mir meine neuen Bekanntschaften nicht. Denn genau wie ich, waren auch sie allesamt Entwurzelte. Inwendig ausgelaugt, aller sozialen Bindungen ledig, hingen sie verträumten Ideen von Weltverbesserung nach, die so unbeständig waren wie farbenfrohe Seifenblasen.

Schon bald nach unserem Kennenlernen wurde ich in die Kommune eingeladen. Zu dieser Zeit hatte ich keinen blassen Schimmer, was Kommunen waren. Lediglich ein stiller Verdacht, es könnte sich um die Hochburgen einiger Spinner handeln, regte sich in mir. Sicher lag das an meinen ersten Eindrücken von ihren Bewohnern.

Was sich mir dann aber als Kommune präsentierte, war nicht nur ein ausgesprochener Dreckstall, sondern – wie ich sehr schnell mitbekam – auch das Nest einer kriminellen Vereinigung.

Das Haus, in dem sich die Kommune eingenistet hatte, befand sich im Kölner Stadtteil Deutz, nur wenige Meter vom Deutzer Bahnhof entfernt. Es war ein alter, mehrgeschossiger und völlig heruntergekommener Kasten. Die Außenfassade sah aus, als hätte man mittels Granatwerfern versucht, auch die letzten Putz- und Farbreste von dem darunterliegenden Mauerwerk herunterzuballern. Die zahllosen zu Bruch gegangenen Fenster glichen leeren Augenhöhlen.

Durch eine von Kampfspuren ungebetener Gäste übersäte Haustür gelangte ich ins Innere des steinernen Monsters. Über eine grünbraune, bei jedem Tritt verräterisch quietschende Holztreppe ging es in die oberen Stockwerke. Die Kommune lag im zweiten Stock. Sämtliche anderen Etagen waren unbewohnt – zumindest offiziell.

Als ich in das dunkle Treppenhaus trat, umgab mich unsäglicher Gestank, der mir den Atem zu rauben drohte. Dagegen ankämpfend, mein kärgliches Mittagsmahl aus Currywurst und Pommes ins Treppenhaus zu speien, eilte ich hinter meinen Gastgebern her.

Aber der Dreck und Gestank im Treppenhaus war nur die Ouvertüre zu der Verwahrlosung, die ich wenig später in den Räumen der Wohngemeinschaft zu sehen bekommen sollte.

Auf dem von Zigarettenkippen, Bier- und Weinflaschen sowie schmutziger Wäsche übersäten Boden stapelten sich Berge hoffnungslos versiffter Matratzen.

Auf einem tischähnlichen Gestell in der Mitte des Wohnzimmers türmten sich Pyramiden ungespülten Geschirrs, auf dem trotz Schimmelpilzbefall und dem unermüdlichen Einsatz grünbläulich schimmernder Fliegenheere immer noch die Reste einstiger Fressalien auszumachen waren.

Nicht anders sah es im Bad und in der Küche aus! Mußte man sich vor dem Betreten der Küche sicherheitshalber die Schuhe höherziehen – um sie nicht plötzlich mit irgendwelchen vielfüßigen Viechern teilen zu müssen –, so wäre im Blick auf das verdreckte Badezimmer ein Bad in einer Kläranlage wohl kaum unangenehmer gewesen ...

Das Carl-Sonnenschein-Haus war schon ein Saustall, aber im Vergleich zu den Verhältnissen in der Kommune überkam mich in Gedanken an das Heim fast schon ein Anflug von Wohlbehagen.

Nicht weniger chaotisch als die hygienischen Zustände war das Leben innerhalb der Kommune. Von der regen Betriebsamkeit her hätte dieser verwahrloste Schuppen allemal mit einem Taubenschlag konkurrieren können. Ich bin nie durchgestiegen, wie viele Personen letztlich diesem Verein angehörten. Mal waren es nur eine Handvoll, die sich dort einfanden, dann wieder so viele, daß die Bude aus allen Nähten zu platzen drohte.

Es war schon äußerst interessant für mich, was sich dort die Klinke in die Hand drückte.

Ganz besondere Beliebtheit genoß die Kommune als Anlaufstelle für Stricher aus der Homosexuellen-Szene. Das Elend dieser Menschen war für mich völlig neu. Häufig noch im Kindesalter, zudem nicht selten aus irgendwelchen Heimen verschwunden, sorgten sie mit ihrem Geld maßgeblich dafür, daß der Kommune nicht das Licht ausging. Und nicht nur das Licht ...

Nicht anders sahen auch die Beiträge junger Mädchen aus, die in der Kommune verkehrten. Ebenfalls zumeist noch im Kindesalter, aus irgendwelchen Heimen abgehauen, wurden sie schnell als solo ausgemacht, abgeschleppt und schon bald darauf an die Mauer gestellt, also auf den Strich geschickt. Sie alle waren noch Kinder ...

Sie waren Kinder, an deren Betten nie die sanften Klänge bunter Spieluhren den Ausklang eines herrlichen Tages unterstrichen hatten. Ihre Musik war das Gedröhne aus aufgerissenen Musikboxen in versifften, stinkenden Kaschemmen.

Ihre Köpfe hatten nie im schützenden Schoß der Mutter gelegen, um darin ihren Kummer zu begraben. Es waren die staubigen Kellertreppen, die ihre Tränen aufsogen, die stinkenden Klos des Viertels, in welchen sich ihre Tränen mit dem über die Klobrillen gepinkelten Urin vermischten.

Sie waren Kinder, deren Hände nie von den betenden Händen der Mutter umschlossen wurden. Sie kannten nur die brutalen Umklammerungen gierig entbrannter Freier.

Sie alle standen an den Anfängen ihrer Lebenswege, schissen auf alles und jeden und wünschten den Augenblick herbei, der ihnen die ersehnte Freiheit bringen sollte. Für wie viele von ihnen mag sich die ersehnte Wende zum Guten vollzogen haben?

Von einer Wende zum Guten konnte auch in meinem Leben vorerst keine Rede sein. Beim Versuch, mich nach einer Fülle erneut begangener Straftaten von Köln nach Hamburg abzusetzen, wurde ich wieder verhaftet. Verdonnert zu drei Jahren Knast, landete ich in der Jugendstrafanstalt Siegburg.

»Bis jetzt haben wir hier noch jeden kleingekriegt . . .«

Es war an einem grauen, regnerischen Tag, als ich zusammen mit einer Horde weiterer jugendlicher Strafgefangener in der Strafanstalt Siegburg ankam.

Als sogenannte Neuzugänge wurden wir auf dem Gefängnishof aus unseren engen Käfigen im Gefangenentransporter hinausgetrieben und von einem Dutzend mißmutig dreinschauender Aufpasser in Empfang genommen.

Name? – Nach da links rüber. Name? – Nach da links rüber. Name? . . . So ging das in einer Tour, bis die Karre endlich leer war. Während der Sortiererei herrschte absolutes Redeverbot. »Wer sich nicht daran hält, wandert gleich in Arrest. Bis jetzt haben wir hier noch jeden kleingekriegt . . .«

Anders als der Sarkophag Köln-Ossendorf deckte sich die Jugendstrafanstalt Siegburg haargenau mit meinen einstigen Assoziationen über das Aussehen wahrer Knäste. Selbst das Wärterpotential fügte sich vortrefflich in dieses Bild.

Nicht wenigen unter ihnen war abzuspüren, daß es sie nach den Handlungsfreiräumen im Strafvollzug des finsteren Mittelalters gelüstete. (Von ihren diesbezüglichen unverhohlenen Bekundungen ganz zu schweigen!)

Aber sie kamen auch so – in der Neuzeit – allemal auf ihre Kosten. Denn wo sie sich durch die ersten Ansätze lahmer, halbherziger, unwillkommener Vollzugsreformen in ihrem Machtgehabe allzu arg eingeengt sahen, hißten sie kurzerhand die Flagge von der Sicherheit und Ordnung, die ihnen in ihrem willkürlichen Treiben auch weiterhin freie Fahrt gewährte. Den Rest besorgte »die Notwendigkeit erzieherischen Einwirkens«.

Es war schier unglaublich, was sich im Schutze solcher abgedroschenen Floskeln an Repressalien und Gemeinheiten gegenüber dem jugendlichen Gefangenen herausgenommen werden konnte.

»Bis jetzt haben wir hier noch jeden kleingekriegt . . .«,

war also alles andere als ein leeres Versprechen. (Es war und ist auch heute oberstes Vollzugsziel!) Arrest, Dunkelhaft und der Entzug »normaler« Nahrung waren nur ein paar von vielen anderen disziplinarischen Möglichkeiten, die das Kleinkriegen bewirken sollten. Die Folgen derartiger Repressalien konnten sich sehen lassen: Selbstmordversuche sowie schlimmste Selbstverstümmelungs-Praktiken galten nicht wenigen Gefangenen als letzter Ausweg.

Im Knastjargon wurden sie nur abfällig »die Schlucker« genannt. Um dem unsäglichen Druck des Knastalltags wenigstens für eine kurze Zeit durch den Aufenthalt auf irgendeiner Krankenstation ausweichen zu können, fraßen sie alles in sich hinein, was ihnen in die Hände fiel. Bevorzugte Speisen waren bei den Schluckern unter anderem Löffel, Messer oder Rasierklingen. Für die meisten von ihnen endeten solche Mahlzeiten erwartungsgemäß auf dem OP-Tisch eines Krankenhauses. Was sich an Bestecken und anderem nicht durch eine Sauerkraut-Kur auf natürlichem Wege zurück in den Besitz der Anstalt führen ließ, wurde kurzerhand mit dem Skalpell wiederbeschafft. Die Bilder zugenähter Bäuche habe ich bis heute vor Augen.

Erich (Name geändert) mochte höchstens fünfzehn gewesen sein, als er sich aus Verzweiflung über das eiserne Geländer im zweiten Stock der Anstalt hob und etliche Meter tief auf den Steinboden stürzte. Der Junge, der in jedem Kindergarten besser aufgehoben gewesen wäre, verließ die Anstalt als Krüppel.

Es wäre unfair, wollte ich an dieser Stelle unterschlagen, daß sich die Zeiten und also auch die Kompensations-Methoden nicht drastisch gewandelt haben.

War es einst vorzugsweise der Griff zum Messer, zur Rasierklinge oder auch »nur« zum Strick, so »helfen« dem Inhaftierten heute Alkohol und Unmengen an Rauschgift über die trostlosen Runden eines Gefangenendaseins hinweg.

Die Zelle, in die ich nach meiner Ankunft in der Jugendstrafanstalt Siegburg gesteckt wurde, war ein dunkles, an den Wänden mit Exkrementen beschmiertes Loch. Nicht weniger ekelerregend waren auch die Spuren getrockneten Sekrets, die wie Stilleben an den steinernen Wänden hafteten. Mit ihren dicken, grüngelben Enden erinnerten sie mich an die Farblaufnasen einer mißratenen Autolackierung.

Daß ich trotz des bedrückenden Gefühls, lebendig begraben zu sein, doch noch am Leben war, kündete mir Tag für Tag ein verrotteter, blecherner Silo, der sich lärmend vor meinem Zellenfenster türmte. Der Schrotthaufen trieb mich fast an den Rand des Wahnsinns.

Etwas über ein Jahr währte mein trostloses Dasein in der Jugendstrafanstalt, dann wurde ich vorzeitig zur Bewährung entlassen – oder besser: rausgeschmissen. Bei einer einmaligen Ansammlung von achtundvierzig internen Disziplinarverfahren wegen Körperverletzung, Widerstand gegen Vollzugsbedienstete sowie Sachbeschädigung und anderes hatte man es in der Anstalt furchtbar eilig, sich für meine vorzeitige Entlassung geradezumachen. Mit Erfolg.

Jetzt erst recht

Es war gegen acht Uhr früh, als ich schimpfend, drohend und randalierend aus der Anstalt trat. Siegburg hüllte sich zu dieser Morgenstunde noch in einen Dunst milchigen Frühnebels. Die Luft war feucht und kühl. Tief durchatmend, mit der einen Hand in der Tasche die wenigen Geldstücke meines Entlassungsgeldes spielerisch abtastend, überlegte ich, wie ich am günstigsten nach Köln zurückkam.

Unterwegs zählte ich immer wieder meine Kohle. Einmal, zweimal und ein drittes Mal, aber es wurde nicht mehr. Was sollte ich mit einem lausigen Hunderter groß anfangen? Die Kohle würde gerade für ein Mittagessen und eine Übernachtung in einer billigen Absteige ausreichen.

Und dann? Arbeit und Wohnung hatte ich nicht! Ich schäumte beinahe vor Wut. »Jetzt erst recht . . .«, nahm ich mir vor. Ich war bis zum Einfüllstutzen aufgetankt, um es im Bilde auszudrücken – aufgetankt mit hochprozentigem Haß. Nein, weder die mit zerfleischenden Stacheldrahtrollen behangenen, meterhohen Gefängnismauern noch sonst etwas aus dem Schreckens-Repertoire der Justitia sollte mich jetzt noch beeindrucken, mich von neuen Straftaten abhalten können.

Der Knast lag schon in einiger Entfernung hinter mir. Einzig die Spitze des Knastkirchturms war noch schemenhaft im Dunst des Frühnebels zu erkennen.

Es war merkwürdig: Erst jetzt fiel mir auf, daß ich nicht ein einziges Mal die Knastkirche von innen gesehen hatte. Während meiner Zeit als Untersuchungshäftling in Köln-Ossendorf war das anders. Dort flitzte ich fast schon regelmäßig zu den Gottesdiensten. Was mich dorthin zog, war nicht etwa die Person des Herrn Pastors oder seine mir ohnehin nichts sagenden Predigten, die für gewöhnlich erst durch die angeordneten Rausschmisse störender Gefangener unterhaltsam wurden. Es waren einfach nur die mannigfachen Möglichkeiten, hier und da Tatgenossen oder alte Bekannte wiederzutreffen, von denen man ja räumlich getrennt war. Weiter war es die Möglichkeit, mit dem einen oder anderen Gefangenen kleinere Geschäfte abzuwickeln. Ob es der Tausch von Zeitschriften oder Pornoheften war oder die Weitergabe von Tabak und Kaffee. Die sonntäglichen Versammlungen boten so manches feil, um sich für die neue Woche zu rüsten.

In der Strafanstalt Siegburg hatte ich keinen Pastor zu Gesicht bekommen – vielleicht hatte er wegen dieser permanenten Unauffindbarkeit den Namen »Tarnkappen-Pastor« weg.

Dafür durfte ich aber die Bekanntschaft eines anderen Himmelskomikers machen, der uns jugendlichen Straftätern nach unserer Ankunft in Siegburg im Rahmen des sogenannten Zugangsgesprächs dringlichst ans Herz gelegt hatte, »beim Waschen immer auch die Vorhaut des Glieds zurückzuziehen ...«

Der Tip kam gut bei uns an. Vielleicht wurde er dem einen oder anderen sogar zur echten Lebenshilfe ... Wer weiß.

Mir half die wohlgemeinte Waschanleitung in meiner wiedererlangten Freiheit jedenfalls keinen Deut weiter.

Um die, wie ich dachte, unnötigen Kosten einer Bahnfahrt einzusparen, klaute ich mir in der Nähe eines stattlichen Klosters ein Auto. Die Gelegenheit war günstig. Der Rest Routine. Das undurchdringliche Grau des Frühnebels hatte sich mehr und mehr verflüchtigt. Mein Zeiteisen zeigte kurz vor zehn Uhr an, ich war also noch keine zwei Stunden aus der Haft entlassen, als ich meine erste neue Straftat verübte. Mir war's egal.

Nach einigem Umherirren in der gestohlenen Karre fand ich endlich einen Autobahnzubringer in Richtung Köln und bretterte im Tiefflug in Richtung Heimat.

Die Erfahrungen der Haft waren schnell vergessen. Wie alles, was mir zur Warnung oder Besserung gereichen sollte, so kehrte sich auch diesmal alles ins genaue Gegenteil. Ich war unbelehrbar.

Meine Integration ins Milieu vollzog sich ohne nennenswerte Probleme. (Entsetzlich, was ich Jahre später, als ich eine Integration auf die ehrliche Tour anstrebte, an Barrieren behördlicher Sturheit und Ignoranz zu überwinden hatte.)

Das Thema Arbeit hatte sich für mich erledigt. Das heißt, hier und da versuchte ich anfangs wohl noch, mit ehrlicher Arbeit über die Runden zu kommen, aber länger als bis zur ersten Lohnauszahlung hielt in der Regel keines meiner Arbeitsverhältnisse. Die Gründe, warum ich ständig gefeuert wurde, waren gar nicht mal darin zu suchen, daß ich nicht als der Erfinder der Arbeit galt. Es war vielmehr mein gestörtes Verhältnis zur Zeit und also zur Pünktlichkeit, das mir ständig und überall den Garaus machte. Ich war nie arbeitsscheu. Und ich glaube auch weiter behaupten zu dürfen: Von allem, was ich tat, waren meine Arbeiten noch am wenigsten schlecht.

Vielleicht hätte mich damals die heute weitverbreitete Praxis der Gleitzeitbeschäftigung an manchen Orten länger überleben lassen.

Meine neuen Weggefährten waren Michael, Bernt und Kai, so nenne ich sie einfach mal.

Michael war der Sohn eines angesehenen Unternehmers aus einem Vorort von Köln. Wir kannten uns schon einige Takte lang und hatten auch bereits gemeinsam das eine oder andere Ding gedreht. Seine Eltern kannte ich zwar nur flüchtig. Aber mir reichte das schon für die Auffassung, daß Michael im Grunde genommen nicht ganz dicht gewesen sein konnte, solch ein tolles Elternhaus so gering zu achten und gegen Dreck und Elend eines Milieu-Lebens einzutauschen. Natürlich wußte ich nicht, was sich womöglich hinter den Kulissen der Wohlstands-Idylle abgespielt hatte. Aus meiner Perspektive der Verlassenheit, des Alleinseins, erschien mir alles als eitel Sonnenschein, was irgendwie mit Familie und Elternhaus zu tun hatte.

Bernt war das traurige Überbleibsel einer in »die Grütze gegangenen Ehe«, wie er das Scheitern seiner Eltern nannte. Sein Alter hatte es auf einer seiner vielen Auslandsreisen vorgezogen, ganz dort zu bleiben. Während die Mutter ihren Kummer darüber im Alkohol zu ertränken versuchte, bekämpfte Bernt seinen Frust über den Verlust des Vaters vorzugsweise mit allen möglichen synthetischen Drogen. »Hauptsache, der Scheiß geht in die Birne . . .«, so seine Devise.

Der absolute Härtefall aber war Kai. Der Junge war wirklich mit allen Wassern gewaschen. Auf den Fahndungslisten der Polizei rangierte er an vorderster Stelle: Gesucht wegen mehrerer bewaffneter Raubüberfälle, Diebstahls und Fahnenflucht, paßte mir Kai von seiner Skrupellosigkeit her noch am ehesten ins Konzept meiner Zukunftsplanungen. Und die sahen äußerst übel aus. –

Ich hatte Winter (Name geändert), einem Aufpasser in der Jugendstrafanstalt Siegburg, geschworen, ihn zum Krüppel zu machen, sollten sich unsere Wege außerhalb der Anstalt jemals kreuzen.

Zusammen mit Kai, der mein Vorhaben mit wachsender Begeisterung guthieß, lauerten wir im Knick der Anstalt darauf, Winter abfangen zu können. Aber der Kerl schien wie vom Erdboden verschluckt.

Erst nach mehreren Wochen der vergeblichen Warterei ließ ich von meinem irrigen Vorhaben ab, Winter beim Verlassen der Anstalt mit dem Auto über den Haufen zu fahren.

Trost und Ablenkung fand ich in zahllosen anderen Straftaten.

Dann kam es zu jenem schrecklichen Tag, der so etwas wie Signalwirkung auf mich haben sollte und der mich erstmals wieder – wenn auch nur für kurze Zeit – halbwegs zur Besinnung brachte.

Es war längst nicht das erste Mal, daß es mich nur um jene sprichwörtliche Haaresbreite aus dem Leben gerissen hätte. In meiner jungen Vergangenheit lagen etliche solcher Momente, die mir unmißverständlich zeigten, wie dünn das Fädchen sein kann, an dem alles Leben hängt.

Ich hatte die Eierdiebereien gründlichst satt und war zutiefst unglücklich darüber, nicht wieder den Anschluß an solche Zeiten gefunden zu haben, wie ich sie einst mit Bully erlebt hatte. Das mußte sich endlich ändern …

Den Vorabend zu unserem geplanten Coup – und jenem tragischen Ereignis also, das mir wieder einmal einen Schuß vor den Bug setzte – verbrachte ich in allen möglichen Bars und Kaschemmen der Kölner Halbwelt. Ich liebte solche Züge durch die Gemeinde! Sie dienten nicht nur meinem Vergnügen, sondern auch der Kontaktpflege zu vielen meiner Abnehmer. Machen wir uns doch nichts vor: ohne Vitamin B läuft, wie auch im normalen Leben, überhaupt nichts. Von der Nase einmal abgesehen. Wie üblich bei solchen Zechtouren, kehrte ich erst in den frühen Morgenstunden nach Hause zurück.

Meiner lieben Hauswirtin, die leider im selben Haus wohnte, war ich aufgrund meines sonderbaren Lebenswandels schon lange ein Dorn im Auge. Ich hatte bei der Töle nicht selten den Verdacht, daß die sich eigens den Wecker stellte, um bloß nicht meine Heimkehr zu verpennen ... Immerhin sorgte mein Luderleben dafür, daß ihr bei ihren Kaffeekränzchen nicht der Gesprächsstoff ausging. Unsere wenigen persönlichen Gespräche, die sie mir ständig irgendwo zwischen Tür und Angel aufzudrängen versuchte, drehten sich einzig um die Frage: »Sagen Sie mal, Herr Fietzke, was arbeiten Sie eigentlich, daß Sie sich in Ihrem Alter schon so ein großes Auto leisten können? Mein Mann konnte das früher nicht ...« Himmel, ging mir die Olle mit ihrer Neugierde auf den Keks.

Was mich dagegen beschäftigte, war die Frage, ob die Gute nicht längst etwas davon wissen mußte, daß ihr edler Gatte einer meiner besten Abnehmer für gestohlene Zigaretten und Schnaps war. Verpönt hat sie die günstig geschossene Ware ihres Angetrauten jedenfalls nicht. Der Ärmste hätte sicher auch ganz schön alt ausgesehen, wenn er ihren Bedarf an Sprit und Kippen zum Normalkurs hätte heranschleppen müssen.

Es war gegen Mittag, als ich mich mit einem dicken Schädel mühsam aus dem Bett quälte. Diese elende Sauferei ...

Wie oft hatte ich mir in solchen Augenblicken vorgenommen, beim nächsten Mal nicht wieder so arg hinzulangen. Aber schon nach den ersten beiden Whiskys waren alle guten Vorsätze wie weggespült. Hätte ich an diesem frühen Nachmittag geahnt, was nur wenige Stunden später geschehen würde – wahrscheinlich hätte ich mich für den Rest des Tages einbuddeln lassen. Zumindest aber hätte ich mich nicht aus dem Bett gequält.

Die Zeit schien stillzustehen. Wütend darüber, daß auch meine wiederholten Blicke auf die Uhr die »Drehzahl« ihrer Zeiger nicht zu beschleunigen vermochten, begegnete ich meiner aufkommenden Ungeduld mit einigen weiteren Gläsern Whisky.

Gegen zwanzig Uhr war es dann endlich soweit. Ich verließ meine Wohnung in Köln-Marienburg und fuhr zu unserem ausgemachten Treffpunkt nach Rodenkirchen, wo sich unser Quartett in einer Hinterhof-Garage traf. Nach einigen umfangreichen Vorbereitungen ging es zurück nach Köln. Meine Uhr zeigte jetzt kurz nach Mitternacht.

Die Stimmung im Auto war gut. Natürlich herrschte eine gewisse Spannung und Nervosität. Aber das war normal. Immerhin war jedem von uns klar, was uns blühen würde, wenn der geplante Coup in die Hose ging.

Kurz hinter Rodenkirchen, stadteinwärts, verließen wir die Rheinuferstraße und bogen nach links in Richtung Köln-Marienburg ab.

Wenige Minuten später war Schluß! Ein Zurück gab es nicht mehr. Ein Ausweichen war auch nicht möglich. Wir mußten an der Bullen-Karre vorbei, die in etwa 30 Meter Entfernung vor uns stand und gerade einen 2-CV-Fahrer am Wickel hatte.

In unserem Wagen herrschte plötzlich Totenstille. Bernt, der am Steuer klemmte, wollte augenblicklich nicht mehr leben. Alles in ihm schien sich schlagartig auf Grundeis zu begeben.

Ich hockte neben ihm. Um bei den Sheriffs keinen Argwohn zu erregen, wies ich ihn an, ruhig zu bleiben und bloß nicht durch irgendwelche Manöver aufzufallen.

Und tatsächlich, unbehelligt konnten wir die mitternächtliche Kontrollstelle passieren.

»Die nächste Seitenstraße ist unsere; und dann aber Power und nichts wie weg . . .« In einiger Entfernung bot sich endlich die Gelegenheit, durch eine Seitenstraße zu verschwinden – aber es sollte uns nichts mehr nützen: Die »Bullen« klebten bereits hinter uns.

»Scheiße, jetzt ist der Arsch ab«, meldete sich Michael aus dem Fond.

»Abwarten! Das wolln wir erst noch sehen«, versuchte

ich ihn zu beschwichtigen. Doch ich glaubte meinen eigenen Worten nicht. Im stillen ahnte ich, daß der Zug abgefahren war.

Allerdings: Wie Fallobst wollten wir uns von den Brüdern nicht auflesen lassen. Keiner von uns hatte noch etwas zu verlieren.

Ich war noch dabei, Bernt irgendwelche Tips für eine eventuelle Verfolgungsjagd einzubleuen, als wir auch schon von der Polizei überholt und per Kelle an den rechten Fahrbahnrand dirigiert wurden.

Wir folgten der Order.

Als ob sie unsere Absichten gerochen hätten, bauten sie sich mit ihrem Einsatzwagen quer vor unserer Karre auf. Der Fluchtweg nach vorne schien damit unwiderruflich versperrt – unser ausgeheckter Plan null und nichtig.

»Und nun, Rudi?« wollte Bernt wissen. Der Junge war fix und foxi.

»Leg den ersten Gang ein und verhalte dich so wie abgesprochen.« Er tat es. Wir waren startklar. Sekunden später geschah das Unfaßbare: Als der beifahrende Polizeibeamte aus seiner Karre geklettert war und auf uns zumarschierte, setzte sein Kollege zurück. Der Weg nach vorne war frei! Alles andere ging blitzschnell. Noch während sich der Polizist zu unserem Wagenfenster herabbeugte, um nach den üblichen Papieren zu verlangen, ließ Bernt die Kupplung schnellen. Wie ein geölter Blitz preschten wir davon.

Die tödliche Verfolgungsjagd war damit eröffnet.

Wie viele Einsatzfahrzeuge der Polizei sich im Verlauf der Jagd eingeklinkt hatten, war nicht auszumachen. Sie schienen uns jedoch wie Pilze aus dem Asphalt gespuckt zu werden. Es hätten locker ein halbes Hundert gewesen sein können.

Die Hatz durch das mitternächtlich ruhende Köln muß für alle Beteiligten ein fürchterlicher Horror-Trip gewesen sein. Dabei spielte es für niemanden eine Rolle mehr, was die mannigfachen, am Straßenrand plazierten Verkehrszeichen über die Beachtung geltenden Rechts zu bedeuten hatten.

Mir wird heute noch anders, wenn ich mir rückblickend vorzustellen versuche, was hätte passieren können, wäre uns auf einer der vielen von uns gewissenlos überflogenen Kreuzungen ein anderes Fahrzeug in die Quere gekommen.

Es ist der Wahnsinn allen verbrecherischen Tuns, daß sich Straftäter gewöhnlich einen Dreck um das Leid Unschuldiger scheren. Wer von uns Wahnsinns-Knaben sah denn schon in einem Unbeteiligten eine Mutter oder einen Vater?

Auch wenn es in dieser frühen Morgenstunde zumindest keinen Unbeteiligten erwischte – das Grauen über ein sinnlos ausgelöschtes Leben wiegt deswegen nicht weniger schwer.

Bevor es zu dem tragischen Ausgang der Verfolgungsjagd kam – aus der doch beide Parteien auf Teufel komm raus als Sieger hervorgehen wollten –, gelang uns noch, das Heer reifenquietschender, blaulichtspeiender Verfolger abzuhängen. Das schier Unmögliche war geschafft: Wir hatten unsere Verfolger endlich vom Hals.

Um gänzlich aus der Gefahrenzone zu gelangen, wies ich Bernt an, die Beleuchtung unseres Wagens abzuschalten und mit unverminderter Geschwindigkeit weiterzufahren ... Es war eine Entscheidung, die ihm nur wenige Augenblicke später das Leben kosten sollte.

Das letzte, was ich durch die heile Windschutzscheibe unseres Wagens zu sehen bekam, war eine Reihe parkender Autos, direkt vor uns. Quer dahinter schlängelte sich eine mannshohe Steinmauer.

Der Knall des Aufpralls war ohrenbetäubend. Ich fühlte nichts mehr, als ich Sekunden danach aus der Umrahmung der durchgeschlagenen Windschutzscheibe auf meinen Sitz zurückgeschleudert wurde. Wie aus weiter Ferne vernahm ich das scharfe Zischen aufsteigenden Qualms, der aus den klaffenden Löchern der zerrissenen Karosserie drang. Ansonsten Totenstille.

Ich versuchte auszusteigen. Während ich mit der linken

Hand mein linkes Auge festhielt – weil es mir ganz herauszufallen drohte –, versuchte ich mit der anderen Hand, die Wagentür zu öffnen. Sie klemmte. Die Lage peilend, drehte ich mich dann mühsam zu Bernt um ... Der Junge sah entsetzlich aus.

Aus der Ferne kündigte sich wieder das ätzende Sirenengeheule unserer Verfolger an, das rasch näherkam. Bernt bekam von alledem nichts mehr mit. Er war schon »abgetreten«, bevor es der Korona unserer Verfolger wieder gelang, den Anschluß an uns zu finden.

Michael und Kai kamen bei dem Crash glimpflich davon. Beide wurden noch am Ort des Geschehens festgenommen.

Mein Weg führte mich erst einmal in das nächste Krankenhaus. Mit eingeschlagenem Schädel, Gesichts- und Augenverletzungen landete ich irgendwo auf einem Operationstisch. Zeit war Leben.

Anklage wegen versuchten Mordes

Eigentlich hatte ich keinen größeren Grund zur Klage, wenngleich einige Reste der Windschutzscheibe bei der Operation an meinen Augen übersehen wurden. Man hatte sich nicht wenig Mühe gegeben, um mich wieder einigermaßen herzustellen. Nach etlichen Operationen konnte ich mich denn auch schon wieder sehen lassen – wenn vorerst auch leider nur im Knast. Dort nämlich sollte ich die nächsten vier Jahre verbringen.

Wieder ging es in die Jugendstrafanstalt Siegburg. Die Aufnahmeprozedur – einschließlich Redeverbot aus »erzieherischen« Gründen – war die gleiche wie einst. Ich scherte mich nicht darum.

Sollten sie doch im Turnus ihres Auftretens, eingehüllt in ihre hoheitliche Kostümierung, ruhig den Acht-Stunden-Herrgott heraushängen lassen. Hauptsache, sie kamen mir nicht mehr allzu arg in die Quere ...

Ich hab's nie glauben wollen. Daß man zu so einem furchtbaren Delikt wie Totschlag oder Mord zuweilen schneller kommen kann als zu einem neuen Anzug, ist traurige Tatsache. Oft ist es nur jener sprichwörtliche Funke, der ausreicht, Eskalationen furchtbarster Gewalt zu entzünden.

Die Jugendstrafanstalt Siegburg glich einem brodelnden Kessel! Waren es auf der einen Seite die sogenannten »erzieherischen Maßnahmen«, die den jugendlichen Gefangenen beständig unter Druck hielten und ihm gehörig einheizten, so machten andererseits die permanenten Gewalttätigkeiten untereinander das Leben zur Hölle.

Es muß sicher nicht besonders hervorgehoben werden, daß angesichts solcher Spannungen auch schon der kleinste Funke genügt hätte, um die ganze Chose hochgehen zu lassen.

Die Beinahe-Katastrophe, die mich fast zum Mörder machte, entzündete sich an eben einem solchen kleinen Funken. Es war eine dieser elenden Schikanen, denen wir nahezu täglich ausgeliefert waren und die in ihrer unerträglichen Vielzahl und Sinnlosigkeit über kurz oder lang unausweichlich zur Explosion führen mußten.

Ich hatte nur um eine läppische Lichtverlängerung gebeten. Wie diese mußte überhaupt alles prinzipiell mit schriftlichem Antrag erbettelt werden. Ohne irgendwelche Anträge lief absolut nichts! Daß ich meine Toilette ohne vorherigen Antrag aufsuchen durfte, war der einzige Beitrag zur Förderung und Erhaltung meiner Selbständigkeit. (Daran hat sich allgemein auch heute – zwanzig Jahre danach – für die Gefangenen nichts geändert!)

Es war in der Jugendstrafanstalt Siegburg Sitte, daß kurz nach 21.00 Uhr das Zellenlicht gelöscht wurde. In Ausübung dieser »hoheitlichen« Tätigkeit wetzte ein Aufpasser von Zelle zu Zelle und knipste den außenliegenden Lichtschalter aus.

Gefangene, denen es gelungen war, eine Lichtverlängerung – in der Regel um eine Stunde – zu ergattern, erhielten einen entsprechenden Zettel, den sie von außen an ihrer Zellentür zu befestigen hatten. Und genau das tat ich. Aber was half's. Ungeachtet des Hinweises »Lichtverlängerung bis . . .«, stand ich jetzt kurz nach 21.00 Uhr im Dunkeln. Meine durch die geschlossene Zellentür herausgerufene Bitte – anfänglich sachlich und ruhig vorgetragen –, das Licht wieder anzumachen, wurde lediglich mit abfälligen Äußerungen kommentiert. Ich ließ jedoch nicht locker.

»Wenn du nicht gleich die Fresse hältst, kommen wir da mal rein«, tönte es von außen. Ich flippte aus. »Vergiß aber nicht, alleine zu kommen!« schrie ich zurück.

Die »Einladung« brauchte ich nicht zu wiederholen. Keine zehn Minuten waren vergangen, als der Knipser und in seinem Gefolge drei weitere Aufpasser bei mir eingeflogen kamen.

An den Haaren und Klamotten wurde ich von den Vieren aus meiner Zelle gezerrt und wie im Sturzflug eine eiserne Treppe hinuntergerissen. Unten angekommen, schleiften mich die vier über den Steinboden hin zur »Glocke«, der Beruhigungszelle. Dort sollte ich mich nackt ausziehen. Ich weigerte mich.

»Wenn du dich nicht sofort ausziehst, dann mischen wir dich hier dermaßen auf, daß dir . . .«, so blökte der Knipser großranzig, sicher, daß ihm noch drei Kollegen dabei zur Hand gehen würden.

Ich weigerte mich.

Das war ihnen zuviel. Wie von Sinnen stürzten sich die vier Aufpasser gleichzeitig auf mich und rissen mich zu Boden. Bei dem brutalen Überfall brach ich mir ein Bein.

Als die vier in ihrem blinden Diensteifer endlich schnallten, daß ich nicht wieder hochkam, ließen sie mich auf dem kalten Betonboden der »Glocke« liegen und verschwanden.

Auf dem Boden kriechend, gelangte ich in den angrenzenden Nebenraum, wo ich mich auf eine am Boden liegende, versiffte Gummimatte packte. Ich hatte rasende Schmerzen, aber das juckte keinen.

Die ganze Nacht über blieb ich ohne ärztliche Versorgung. Erst am nächsten Vormittag wurde ich zu einem Arzt außerhalb der Anstalt gekarrt.

Vierzehn Tage waren seit dem nächtlichen Zwischenfall in der »Glocke« vergangen, vierzehn Tage unsäglicher Qualen. Es waren aber nicht die Schmerzen meines gebrochenen Beines, die mir diese Qualen bereiteten, sondern nur der Gedanke, schnellstmöglich wieder soweit hergestellt zu sein, daß ich endlich Rache üben konnte.

Die Gelegenheit zur Vergeltung bot sich drei Wochen nach dem Zwischenfall.

Drei der vier Aufpasser hatten mich allerdings in der Zwischenzeit aufgesucht und sich für den Übergriff entschuldigt. Damit hatte ich nun wirklich nicht gerechnet. Die Jungs hatten also doch Rückgrat ... Unser Verhältnis entspannte sich augenblicklich, und wir kamen vernünftig miteinander aus.

Lediglich der Knipser, dessen Sturheit den Zwischenfall ausgelöst hatte, glaubte auch weiterhin, den Harten heraushängen lassen zu müssen. Das sollte ihm noch vergehen ...

Unsere Wege kreuzten sich auf der vierten Etage im Zellentrakt des B-Flügels. Ich zögerte nicht eine Sekunde. Mit einem Angriff hatte der Knipser nicht gerechnet. Da ich mit einem Gehgips durch die Gegend humpelte, wiegte er sich offensichtlich in völliger Sicherheit ... Sein Pech!

Ich packte ihn an den Klamotten und drückte ihn über das stählerne Geländer. Dabei schrie ich ihm haßerfüllt ins Gesicht und drohte, ihm sämtliche Gräten zu brechen. Auffangnetze, wie sie heute allenthalten die einzelnen Stationen sichern sollen, gab es nicht. Er wäre also ohne Zwischenlandung in die Tiefe gestürzt. Ich triumphierte bei dem Gedanken.

Viel hätte auch wirklich nicht mehr gefehlt ... Aber die Zeit reichte nicht.

Von einer Horde herbeistürzender Aufpasser gepackt, wurde ich von meinem schreienden Opfer weggerissen und sofort in strenge Einzelhaft gesteckt.

Den Knipser bekam ich nicht wieder zu Gesicht; der mußte sich scheinbar erst einmal von seinem Psychiater neu aufbauen lassen ...

Nach dreiwöchiger strenger Einzelhaft wurde ich dann als für den Jugendstrafvollzug nicht mehr tragbar in den E-Vollzug, den Erwachsenenvollzug, abgeschoben.

Der Versuch des Anstaltsleiters, mir eine Lampe, das heißt Strafanzeige wegen versuchten Beamtenmordes anzuhängen, endete in einem Kompromiß. »Ziehen Sie Ihre Anzeige wegen Körperverletzung zurück, dann sehen wir von einer Anzeige wegen versuchten Mordes ab.«

Ich willigte ein. Wann kam ich schließlich schon so billig von einer drohenden Anklage wegen versuchten Mordes herunter.

Hoffnung

Zur weiteren Strafverbüßung landete ich also in der Strafanstalt Willich, einem trostlosen Kaff bei Krefeld.

Der Knast war ein schmutziger, gelber Bau. War ich bislang noch der Meinung gewesen, daß die Jugendstrafanstalt Siegburg die »Hochburg der Gewalt« war, so wurde ich jetzt in Willich umgehend und auf sehr eindrucksvolle Weise von diesem Irrtum befreit. Anders allerdings als im Jugend-Knast entluden sich in Willich viele Gewaltattacken gegen das tote Zelleninventar. So wurden Zellen unter Wasser gesetzt, angezündet oder kurz und klein geschlagen.

Schätzungsweise hätten die durch Zerstörungen bedingten Reparaturarbeiten ausgereicht, einem mittelständischen Betrieb ein gesichertes Auftragsvolumen zu bescheren.

Daß in Willich überhaupt ein anderer Wind wehte, war mir schon vom Hörensagen bekannt. Aussagen wie zum Beispiel diese: »Laß da beim Duschen bloß nicht die Seife fallen, die alten Säcke reißen dir beim Bücken sonst den

A. . . auf«, ließen mich ahnen, von welchen Ufern her dort der Wind wehte. Umgekehrt wußte ich natürlich auch, daß gerade in den Knästen die dollsten Gerüchte kursieren. Es gab Knackis, die hörten sogar das Gras wachsen . . .

Was auch immer, sonderlich wohl war mir bei meinem erzwungenen Wechsel ohnehin nicht zumute.

Fest entschlossen, künftig nicht nur auf mein Stückchen Seife zu achten, wollte ich alles Weitere gelassen auf mich zukommen lassen. Wie gesagt: Gelabert wurde schon immer viel. Meine anfänglichen Befürchtungen sollten sich dann auch schnell als völlig gegenstandslos erweisen.

Ein Kloster war die Strafanstalt Willich deswegen aber noch lange nicht. So war mir zum Beispiel völlig neu, daß hier homosexuelle Beziehungen unter den Gefangenen nicht nur toleriert, sondern in meinen Augen sogar noch unterstützt wurden. Was sich beispielsweise in der Haft gesucht und gefunden hatte, konnte als Pärchen – ohne erkennbaren Widerstand durch die Anstalt – in »trauter Zweisamkeit« zusammenleben.

Daß es im Zusammenleben der verschiedensten Pärchen zuweilen ganz schön haperte, war an den übelsten Eifersuchtsszenen zu erkennen, die sich immer wieder abspielten. Das Ganze wurde jedoch niemals sonderlich tragisch genommen. Im Gegenteil! Derartige Szenen waren für die übrigen »Normalen« eher ein Belustigungsgrund, und sie dienten darüber hinaus als willkommene Abwechslung. Ich selbst fand's immer sehr amüsant. Schließlich hatte man ja auch sonst nichts, was der Freude wert gewesen wäre.

Wenn ich diesem Abschnitt meiner Lebensgeschichte die Überschrift »Hoffnung« verpaßt habe, so hat das gleich mehrere Gründe. Einmal ging es in Willich weitaus geruhsamer ab, und ich durfte der guten Hoffnung sein, hier etwas besser über die Runden zu kommen. Und tatsächlich, im Vergleich zu Siegburg hatte ich in Willich weit weniger Theater.

Zum andern war es vorrangig der Anstaltspsychologe,

der Stück um Stück Hoffnung in mir weckte. Noch heute erinnere ich mich mit aufrichtiger Dankbarkeit an diesen Menschen. An einem Ort der diktierten Unmenschlichkeit, der Verachtung und ständigen Voreingenommenheit bewies er eine Courage und Menschlichkeit, wie ich sie bis dahin noch nicht erfahren hatte. Besonders sein unermüdliches Engagement für die Belange der Inhaftierten war geradezu einzigartig.

Man möge mir verzeihen oder auch nicht: Wenn ich mir das Gros heutiger Psychologen und Sozialarbeiter in unseren Gefängnissen anschaue, geht mir echt das Messer in der Tasche auf . . . Furchtbar, einfach nur furchtbar, was da an Kaputten auf Kaputte losgelassen wird. Von den Aufpassern der Anstalten werden sie abfällig »die Kopfgesteuerten« genannt.

Meine erste Begegnung mit dem Anstaltspsychologen, den ich hier Krause nennen will, weil ich mich an seinen Namen nicht mehr erinnere, geschah aus einem wenig erfreulichen Anlaß.

Im Laufe der Zeit kam es wiederholt zu übelsten Ausschreitungen meinerseits. Keiner der Aufpasser traute sich noch, alleine meine Zelle zu betreten. Wie schon zu Zeiten meiner Untersuchungshaft in Köln-Ossendorf, sah auch die Anstaltsleitung in Willich keinen anderen Ausweg mehr, als ihren »Dachdecker« in Marsch zu setzen. Meine anfängliche Reaktion bei seinem Auftauchen war dann auch entsprechend. Ich beschimpfte ihn und wünschte, daß er sich gefälligst zum Teufel scheren solle . . .

Doch wie gut, daß sich der »Spinner«, wie ich ihn nannte, nicht durch die dummen Texte des eigentlichen Spinners beeindrucken ließ. Ungeachtet meiner dämlichen Anmache kam er immer wieder einmal auf einen Sprung vorbei, um bei mir hereinzuschauen.

Langsam bekam ich auf den Kerl echt Bock. Leider gehöre ich ja zu der Kategorie von Menschen, die immer eine gewisse Anlaufzeit benötigen, bis es im Hirnkasten »klick« macht. Und weil das so ist, begriff ich nur allmählich, daß ich es bei Krause nicht mit einem Trottel à la Köln-Ossendorf zu tun hatte. Und er mir schon gar nicht die Rolle eines Studienobjekts überzustülpen versuchte.

Besonders wichtig wurde mir die Erkenntnis, daß ich es bei ihm nicht wieder mit einem dieser elenden Zuträger zu tun hatte, die bloß darauf lauerten, ihren Brötchengebern unbedachte Äußerungen stecken zu können. Allmählich entwickelte sich aus einer anfänglich feindseligen Haltung ein konstruktiver Dialog zwischen uns.

Ich habe mit Sicherheit nicht die Papiere von Leuten in der Tasche, die sich selbst am liebsten zuhören oder x-mal am Tag ihren kompletten Lebenslauf herunterrasseln. Aber in seinem Arbeitszimmer und ihm als gleichwertiger Mensch gegenüber löste sich so manches Mal meine Zunge ...

Es tat gut, Ängste und Sorgen nicht mehr länger fressen zu müssen.

Ich weiß nicht, wie Krause dann auf den Trichter kam, meine Mutter aufzuspüren. Irgendwann stand dieser Vorschlag im Raum, gemeinsam den Aufenthaltsort meiner Mutter ausfindig zu machen.

Die Idee war mir nie gekommen. Ich geriet fast aus dem Häuschen vor Freude.

Wir erinnern uns: Als ich meine Mutter zuletzt sah, war ich ein Kind. Irgendwann danach tauchte sie noch einmal auf, aber dann war auch Sense.

Mir war es beinahe schon unangenehm, mit welchem Eifer sich Krause für mich in die Bresche warf. Wenn ich sage »unangenehm«, so nicht zuletzt deshalb, weil ich es nicht kannte, daß sich jemand so uneigennützig für meine Belange einsetzte.

Für mich war jedes eigene Engagement immer mit dem Gedanken an Gegenleistungen verbunden. Etwas anderes kannte ich überhaupt nicht. Woher auch! In meinem Umfeld galt einzig das Motto: »Du gibst mir das, und ich gebe dir dafür das.« Versuche, seinen Nächsten nach Möglichkeit dabei noch über den Tisch zu ziehen, inbegriffen. Anders kam man doch zu nichts ...

Ich weiß nicht, welche Register Krause im Laufe seiner Bemühungen zog. Plötzlich war der Kontakt zu meiner Mutter da. Und dann ihr erster Brief ... der erste Brief überhaupt, den ich während meiner Haft erhielt. Oh, war ich glücklich! Ich hielt den Brief eine halbe Ewigkeit in meinen Händen, roch an ihm ...

Wie mochten die Hände aussehen, die ihn geschrieben hatten? Wie das Gesicht, das wenige Tage zuvor noch über diesen Brief gebeugt war? War es schön und lieblich? Das Gesicht einer Mutter? Was hätte ich in diesen Augenblikken darum gegeben, in diesem Brief ihr Aussehen zu erkennen ...

Ihr Bild aus meinen Kindheitstagen war lange schon aus meinem Gedächtnis gelöscht. Sie hatte es für mich nicht mehr gegeben.

Um mich her schien alles wie versunken. Wie weggewischt war das Geist und Seele tötende Grau meiner tristen Gefängniszelle. Fort waren auch die dunklen Schatten, die wie bleierne Decken auf meinem Herzen lasteten. Wie durch den Spalt einer geöffneten Tür sah ich für Momente den Blick in eine andere – bessere – Welt freigegeben. Stand ich wirklich an der Schwelle zu einem neuen Leben?

Hoffnung und Angst, Behagen und Unbehagen, Vertrauen und Mißtrauen schlugen wie die Wogen einer gegensätzlichen Brandung an mein Herz. Waren das die Wehen einer aufkeimenden, neuen Beziehung?

Grund zur Hoffnung schien mir allemal gegeben. »Junge, wenn du da rauskommst, hole ich dich nach Hamburg. Arbeit und eine Wohnung habe ich schon für dich ...« Ja, so stand es blau auf weiß in ihrem Brief zu lesen.

O Mann, ich hätte in meinem versifften Loch Freudentänze aufführen mögen. Und wie sich Krause erst freute ... Das war echte Anteilnahme! Freude über eine Aussicht, die mir für die Zukunft ein besseres Leben verhieß.

Wie schmerzlich sich meine neugewonnenen Perspektiven dann als Fata Morgana entpuppen sollten, ahnte bei dem herrschenden Stimmungshoch keiner von uns beiden.

Für Krause war der erfreuliche Ausgang seiner Bemühungen Anlaß genuß, nun nach Kräften meine vorzeitige Entlassung anzuschieben. Und bitteschön, mußte nicht eine so hervorragende Sozialisation, wie ich sie jetzt erstmals vorzuweisen hatte, geradezu als Türöffner dienen? Wenn schon, wie gar nicht selten, das »ohne Nix« (keine Arbeit, keine Wohnung) einer Entlassung nie sonderlich als Hinderungsgrund im Wege stand, dann hatte ich doch jetzt allemal gute Karten vorzuweisen.

April, April

Knapp zwei Jahre hatte ich abgerissen. Die konsequenten Bemühungen des Anstaltspsychologen, mich vorzeitig freizubekommen, waren nicht umsonst. Okay, gerne ließen sie mich nicht gehen, denn es gab da genügend Einwände wegen meiner »ungebrochenen kriminellen Energie« und so. Oder die lapidaren Hinweise auf mein aufsässiges, reueloses Verhalten.

Im ganzen konstatierten sie »eine weitere Gefährdung des öffentlichen Gemeinwohls« durch mich. (Wie unverfroren, daß dieser ach so umsorgten Öffentlichkeit bis heute verschwiegen wird, was es de facto mit dem Gelabere von der Resozialisierung auf sich hat!)

»Resozialisierung? Vergessen Sie es, Herr Fietzke, vergessen Sie es.« So Mitte Mai '91 die Worte eines stellvertretenden Anstaltsleiters einer Hamburger Strafanstalt.

Als sich für mich im August 1975 die Tore der Strafanstalt Willich vorzeitig öffneten, verließ ich zum ersten Mal das Gefängnis mit dem aufrichtigen Vorsatz, »nie wieder Sch. . . zu bauen«. Das allein meiner Mutter zuliebe. Wenn sie fortan für mich da sein würde, dann wollte ich der letzte sein, der sie enttäuschte.

Ich sehnte mich nach einem Zuhause, nach einem Platz und nach Menschen, zu denen ich gehören durfte.

Ich war einundzwanzig, hinter mir lag eine Zeit – auch

Leben genannt –, die ich mir so nie gewünscht hatte. Einundzwanzig Jahre jung, und doch schon so entsetzlich auf.

Meine Gedankenwelt glich einer Müllhalde. Was sich in ihr an Schmutz und Verkommenheit eingenistet hatte, wäre wohl schwerlich zu überbieten gewesen. Sicher hatte es auch wiederholte Versuche gegeben, die Kurve zu kriegen. Aber die waren allesamt zu schwach, zu halbherzig, zu inkonsequent. Was ich in dieser Richtung auch unternommen hatte: Es hielt allenfalls von elf bis mittags.

Ausgelaugt und haltlos hing ich wie ein nasser Sack in den Seilen des Lebens ... Einundzwanzig Lenze jung – und doch ohne irgendeine tragfähige Perspektive für die Zukunft.

Und Gott? Hier und da hatte ich in Gedanken fragend vor ihm gestanden – aber was konnte einer wie ich überhaupt von ihm erwarten? War er, Gott – wenn denn überhaupt –, nicht nur der Gott eines wohlsituierten Kleinbürgertums, ihnen so zugehörig wie das Heer der Zwerge in ihren akribisch gepflegten Vorgärten und wie der auf Pump angeschaffte Ford Taunus?

Am Morgen meiner Entlassung interessierte mich die Frage nach dem Verbleib und dem Zuständigkeitsbereich eines Gottes herzlich wenig. Stand mein »Gott« doch jetzt in weiblicher Gestalt vor den riesigen Toren des Knastes, um den verlorenen Sohn endlich heimzuholen.

All mein Vertrauen und Hoffen, zu dem ich noch fähig war, galt in diesem Augenblick ausschließlich jener zierlichen Person, die dort im Grauschleier des anbrechenden Tages auf mich wartete.

»Hm, so übel sieht die ja gar nicht aus ...«, dachte ich im stillen, als ich sie aus einiger Entfernung erspähte. Eingehüllt in ein grünbraunes Kostüm und mit Unmengen von Klunker behangen, glich sie mir ein wenig einem zum Feste getrimmten Weihnachtsbaum. Gut nur, daß meine Mutter an diesem grauen Morgen die einzige Wartende war. Zu sehr hatte mich zuletzt die Furcht geplagt, bei einer größeren Anzahl Wartender womöglich der Falschen in die Arme zu geraten ...

Die Stimmung bei unserem Wiedersehen ähnelte ein wenig der Stimmung des Wetters – sie war kühl und irgendwie gar nicht herzlich. Es war komisch, aber plötzlich erfaßte mich eine sonderbare Unruhe. Meine Vorstellungen und Träume von einem nun beginnenden Familienleben wichen einer unerklärlichen, dunklen Ahnung.

Natürlich versuchte ich, sie von mir zu weisen. Ich sagte mir, daß eben alles noch fremdartig und neu war und wir ja erst einmal Zeit zum Kennenlernen finden mußten.

Doch gänzlich ließ sich dieser Eindruck eines nahenden Unheils nicht abschütteln.

Ich sollte mich nicht geirrt haben. Überhaupt haben mich bestimmte Eindrücke oder Vorahnungen nur selten getrogen. Was dann wenig später zur traurigen Wirklichkeit wurde, traf mich schlimmer als ein Fußtritt unter die Gürtellinie.

Ich war verkommen genug, um mir so manches vorstellen zu können. Daß mich dagegen einmal die eigene Mutter vorführen würde, das zu denken erlaubte ich selbst meinen niedersten Gedanken nicht. Und nicht einmal der traurige Umstand, daß mir der Begriff »Mutter« letztlich nur aus biologischer Sicht als geschützt galt, hätte mich je dazu verleiten können, auch nur eines ihrer Worte in Frage zu stellen. Doch wie heißt es noch so schön? Man lernt nie aus!

Und so begann für mich wahrhaftig eine äußerst lehrreiche Zeit!

Bevor wir uns auf die Socken nach Hamburg machten, wo ich mein blaues Wunder erleben sollte, stand ein Abstecher in den Westerwald auf dem Programm. »Da hockt nämlich der Rest deiner buckligen Familie . . .« Na toll, da war ich aber wirklich mal gespannt.

Bisher hatte ich keinen blassen Schimmer davon, daß noch irgendwo ein Rest meiner »buckligen Familie« existierte. Vielmehr glaubte ich mich bisher völlig allein; sozusagen als der einzig noch Lebende eines gekappten Familienstammbaumes. Wie man sich zuweilen doch irren kann!

Wie lange wir von Willich in den Westerwald unterwegs waren, weiß ich nicht mehr. Wohl aber, daß die Zeit damals völlig ausreichte, um mir in etwa ein Bild über meine Mutter und die übrige Familie zu machen. Es wurde ein Bild des Elends.

Ich bin nicht auf der Sonnenseite des Lebens herangereift, umgeben von einer milden, wohltuenden Atmosphäre, die mich in umgekehrter Richtung hätte prägen können. Wie schon deutlich geworden ist, kannte ich leider nur die Schattenseiten.

Dementsprechend waren meine Lebensgewohnheiten und mein Weltbild. Aber als ich jetzt zum erstenmal aus dem Munde meiner Mutter etwas über ihr eigenes Schicksal hörte, verschlug es mir die Sprache. Sie schilderte mir in einem unglaublichen Ausbruch von Haß und Verbitterung ihre eigene katastrophale Kindheit und Jugendzeit.

Ich erfuhr, daß sie – gerade siebzehn Jahre alt und mit mir schwanger – aus ihrem Elternhaus gefeuert worden war. Sie erzählte weiter davon, wie sie dann mit einem unter den Arm geklemmten Persilkarton einsam und voller Angst auf einer abgelegenen Landstraße herumirrte.

Später versuchte sie ein Lkw-Fahrer aufzugabeln, der vor seiner Hilfestellung darauf drängte, sie solle erst einmal die Beine breit machen.

Es war schon ein Glück, daß wir während unserer Unterhaltung ein Zugabteil für uns alleine hatten. Meine Mutter hatte sich mittlerweile in Rage geredet und sich dabei eines Wortschatzes bedient, der üblicherweise als Fäkaliensprache bezeichnet wird.

Die nur beiläufige Beschimpfung des Zugschaffners als »alter Penner« – obwohl der arme Kerl lediglich nach den Fahrkarten schauen wollte – war noch die humanste Äußerung, die ich im Verlauf der gesamten Fahrt aus ihrem Munde vernahm.

Mich machte die Stimmung in unserem Zugabteil tief betroffen. Sicher, auf der einen Seite konnte ich die Wut und Verbitterung ihres Herzens sehr gut nachvollziehen. Ich wußte ja auch nur zu gut um ein Leben ohne die Liebe und Geborgenheit eines harmonischen Elternhauses. Andererseits zog es mir aber fast die Socken aus, ausgerechnet aus dem Mund meiner Mutter jenes Sprach- und Gedankengut zu hören, von dem ich mich genausogerne verabschiedet hätte wie von meinem alten Leben. Na ja, es gibt Schlimmeres ...

Am Nachmittag erreichten wir endlich das Elternhaus meiner Mutter. Es lag abseits von einer einsamen, von dichten Mischwäldern umgebenen Straße. War das die Straße, auf der meine Mutter als Siebzehnjährige nach ihrem Rausschmiß umhergeirrt war? In Gedanken ging ich die Straße entlang und versuchte dabei, mich in die Lage eines jungen Mädchens zu versetzen ... Mich überkam Furcht!

Das Haus, in dem die »bucklige Familie« wohnte, war alt, grau und trostlos. Selbst der neue Anbau eines mittelprächtigen Nebengebäudes, dem anscheinend die Aufgabe eines Stützkorsetts zugedacht war, änderte nichts daran.

Lediglich ein kleiner Bach, der monoton an der Rückseite des Hauses vorbeiplätscherte, verlieh der Seelenlosigkeit dieser trostlosen Ecke ein wenig Leben.

Als ich in das Haus trat, sah es innen auch nicht freundlicher aus. Schon beim Öffnen der Haustür schlug mir der Geruch von vermodertem Holz und Linoleum entgegen. Die Bude war feucht und dunkel.

Über eine abgewetzte Holztreppe gelangten wir in das Kernstück der Behausung: eine wohl letztmalig um die Jahrhundertwende auf den neuesten Stand gebrachte Wohnküche. In der Mitte stand ein großer Tisch, auf dem schief eine abwaschbare Plastiktischdecke lag.

An einem Ende des Tisches hockte eine dicke Frau. Ich konnte ihr Gesicht nicht erkennen, weil es durch eine tief über dem Tisch herabbaumelnde Lampe verdeckt wurde. Erst als ich, von meiner Mutter geschoben, in die Küche eintrat, mühte sich die alte Frau schwerfällig von ihrem viel zu kleinen Schemel hoch.

Es war die Mutter meiner Mutter – die »fette Hure«, wie

sie von meiner Mutter während der Fahrt wiederholt tituliert worden war.

Links vom Tisch saß, auf einer arg durchgerittenen Couch, der Vater meiner Mutter. Ihn liebte sie über alles. Er war der einzige, der von ihrer Schimpfkanonade verschont geblieben war.

»Der Alte wurde von der fetten Sau doch nur abgekocht ... Wegen seiner Krankheit hatte er nie etwas zu melden.« So das Plädoyer meiner Mutter für den Mann, der mein Großvater war.

In der Tat, was dort hilflos in sich zusammengesunken auf der Couch saß, war ein von Krankheit und Kummer gezeichnetes menschliches Wrack. Schlimm empfand ich die Form der Begrüßung mit ihm: Während sie zwischen der Mutter meiner Mutter und mir per Shakehands kurz und unpersönlich über die Bühne ging, baute ich mich nun vor dem Vater meiner Mutter auf und ließ mich von ihm abtasten. Der Mann war nämlich erblindet.

Wir waren noch keine zwei Stunden im Hause meiner Großeltern, als nach und nach und von überall her weitere Familienangehörige angetanzt kamen. Die Bude war auf einmal gerammelt voll ... Ich hatte den Eindruck, daß mittlerweile halb Altenkirchen auf der Matte stand ... Die Nachricht von der Ankunft des verlorenen Sohnes mußte sich wie ein Lauffeuer verbreitet haben.

Es war wirklich schwindelerregend, was sich mir da an Tanten, Onkeln, Neffen, Cousinen und Cousins zu erkennen gab. Mit der Truppe hätte ich dem verbleibenden Rest aller Altenkirchener ohne weiteres den Krieg erklären können ...

Von niemandem hatte ich vorher je gewußt – und von keinem wollte ich genaugenommen auch jetzt etwas wissen. Auf mich wirkte das Tamtam ihrer Aufwartung wie ein Besuch im Zoo. Ich kam mir vor wie ein Exot, der von ihnen aus großen Augen begafft und angetatscht wurde.

Als sich die ersten Anflüge ihres überschwenglichen Enthusiasmus gelegt hatten und die Luft endlich raus war, begannen sie mich mit Fragen nach meinem bisherigen Werdegang zu löchern. Daß ich noch vor wenigen Stunden im Knast gesessen hatte, wußten sie nicht. Wer weiß, wie ihre Begrüßung sonst ausgefallen wäre.

Wenig später ging dann auch noch ein Schwall unerträglicher Beileidsbekundungen über meine »ach so unglückliche Kindheit und Jugendzeit« über mich hinweg. Allmählich begann ich innerlich zu kochen ...

Warum konnten sie nicht allesamt die Klappe halten und sich ihre Mitleidstour sonstwohin stecken? fragte ich mich angewidert.

Nach ihren Texten zu urteilen, hätte ich mich bloß auffinden lassen müssen ... Sie hätten mir das Paradies auf Erden bereitet.

Tja, so ein Pech aber auch für mich. Na ja, Kopf hoch allesamt, vielleicht klappt's beim nächsten Mal ja besser!

Um mich vor ihren weiteren Beileidsbekundungen und Absichtsbeteuerungen in Sicherheit zu bringen, hielt ich, der Verzweiflung nahe, Ausschau nach meiner Mutter. Doch wieder Pech! Bewaffnet mit einer Flasche Eckes Edelkirsch und davon schon schwer einen im Kahn, war sie vollauf damit beschäftigt, fluchend und schimpfend ihrer Mutter einzuheizen. Meine Güte, wo war ich da bloß gelandet!

Als wir am dritten Tag der »trauten Familien-Idylle« Lebewohl sagten, um endlich nach Hamburg aufzubrechen, wußte ich nicht, ob ich glücklich oder unglücklich war. Ich wußte nur, daß ich von jetzt an nicht länger einem versäumten Familienleben hinterherzutrauern hatte. So viel besch... war dein Leben auch nicht, tröstete ich mich.

Auf dem Weg nach Hamburg, noch voll von den niederschmetternden Eindrücken der vergangenen Tage, fragte ich mich etwas ängstlich und besorgt, ob es richtig gewesen war, meiner Mutter zu folgen.

Meine anfänglichen dunklen Ahnungen nahmen für mich bedrohliche Züge an. So sehr ich mich im Inneren auch dagegen wehrte, ich wußte jetzt, daß mich dieser Trip vom Regen in die Traufe führen würde.

Ich saß am Fenster unseres Zugabteils, das wir für uns alleine hatten, und schaute gedankenverloren auf die vorbeifliegende Landschaft hinaus. Die Wälder und Äcker standen in herbstlicher Pracht. Die satten, bunten Farben ihrer Gewänder aus Laub leuchteten anmutig im Licht der milden Herbstsonne. Es war ein Bild der Ordnung und des Friedens, das mir zum schmerzlichen Kontrast zu meinem grauen und trostlosen Dasein wurde. Schwerlastend wie ein bleierner Umhang schien alle Trostlosigkeit dieser Welt auf mir zu liegen.

Worin nur mochte der Sinn des Lebens liegen? Ob Armut oder Reichtum, Gesundheit oder Schmerz, Glück oder Leid – wer hielt die Waage und teilte jedem zu? Und welche Kriterien bestimmten dabei das Maß und die Dauer?

Am späten Nachmittag lief unser Zug im Hamburger Hauptbahnhof ein. Ich war zum Bersten gespannt! Was würde als nächstes folgen?

Irritiert und beinahe so verängstigt wie ein kleines Kind, hielt ich mich beim Verlassen des Bahnhofs stramm an der Seite meiner Mutter. Bloß nicht verlorengehen.

Endlich hatten wir es geschafft. Erleichtert ließen wir das tumultartige Durcheinander des Bahnhofsbetriebes hinter uns und kletterten in eine der wartenden Taxen. Würden wir auf direktem Wege die Wohnung ansteuern, die mir meine Mutter schon besorgt haben wollte? Wie mochte sie eingerichtet sein? Hatte meine Mutter eventuell auch an ein paar Handtücher für mich gedacht? Ich besaß ja außer ein paar Kleidungsstücken nichts mehr.

Dann dachte ich an meine neue Arbeitsstelle, die mir meine Mutter besorgt haben wollte. Hoffentlich würde ich nicht verschlafen. Meine Mutter hatte sicher für mich gebürgt – und enttäuschen wollte ich sie nun wirklich nicht. Alle diese Fragen rotierten jetzt in meinem Gehirn. Ich war aufgewühlt wie eine stürmische See.

»Kennen Sie hier irgendwo 'ne billige Pension?« hörte ich Mutter plötzlich unsern »Kutscher« wie beiläufig fragen.

Äh, wieso Pension? Was wollte sie denn mit einer Pension? fragte ich mich, ohne sogleich den Sinn ihrer Frage zu checken.

»Junge, du mußt vorläufig erst einmal in eine Pension ziehen«, sagte sie in einem Nachsatz zu mir, mit einer Selbstverständlichkeit, als hätte nie etwas anderes zur Diskussion gestanden.

Ihre Worte drangen nur noch wie durch eine dicke Nebelwand an mein Ohr. Für Augenblicke war es mir, als fiele ich in mich zusammen. Ich begriff nichts mehr.

Wie lange der Taxifahrer mit uns durch die Gegend herumgurkte, um eine billige Absteige zu finden, weiß ich nicht mehr. Es war mir jetzt auch egal. Von mir aus hätte er bis zum Jüngsten Tag suchen können. Er hatte sowieso nur sein anschwellendes Taxameter im Auge.

Am Ende einer groß angelegten Stadtrundfahrt wurden wir in der Paulinenstraße fündig.

Die mit Neonreklame-Schildern übersäte Fassade der Absteige hob sich unwirklich in den dunklen Abendhimmel. Hinter den leuchtenden Verheißungen wohlbekömmlicher Bier- und Schnapssortimente lag mein vorläufiges Domizil. Ich befand mich unmittelbar auf St. Pauli!

So also endete meine Flucht aus dem Kölner Milieu nach nicht einmal einer Woche im Hamburger Milieu. Ich konnte es einfach nicht fassen. Das Innere der Absteige entsprach dem Klischee aus Schundromanen: rotes Licht und an den Wänden rote Tapeten. Vor einem geschwungenen Tresen, der gleichzeitig als Rezeption herhalten mußte, hockte ein halbes Dutzend Transvestiten, die sich gelangweilt an ihren schalen Cocktails festhielten und auf zahlungskräftige Freier lauerten.

Daß ich keine müde Mark auf der Naht hatte, mußte ihnen ihr geübter Blick gleich signalisiert haben. Abschätzig taxierten sie mich kurz und wandten sich dann wieder der abgestandenen Brühe in ihren verschmierten Gläsern zu.

Nach einigen Minuten des Wartens wurde ich von einer dicken Frau – zumindest trug die Person Reste von Frauenkleidern – in den zweiten Stock geführt. »So, hier hast du dein hübsches Zimmerchen, Süßer. Und schließ nach dir immer brav ab, Süßer ...«, säuselte sie mir mit verdächtig tiefklingender Stimme in die Horchlappen.

Ich nahm mir ihren wohlgemeinten Tip zu Herzen.

Nachdem meine Mutter sich noch davon überzeugt hatte, daß ihr Sohn »vernünftig« untergebracht war, hatte sie es plötzlich furchtbar eilig, die Biege zu machen.

»Und treib dich nicht gleich am ersten Abend auf dem Kiez rum, Junge. Das ist nämlich nichts für dich.«

Tja, das war's denn wohl auch, Junge!

Mit ihrem mütterlichen Ratschlag und einem zugebutterten Zwanzigmarkschein versehen, ließ ich mich resigniert am Fußende meines Bettes nieder – ich war allein.

Ich weiß nicht, wie lange ich so auf meinem Bett hockte, ins Leere starrte und darum rang, Herr der Lage zu werden. In meinem Kopf war eine Leere, als hätte mir jemand das Hirn weggeblasen!

Das also war die mir verheißene »Wohnung«: ein Loch in einem Transvestiten-Schuppen, nicht größer als meine kurz davor verlassene Gefängniszelle. Es fehlte bloß noch das vergitterte Fenster!

Ich war bereit, an alles zu glauben. Selbst die Nachricht, daß die Niagarafälle fortan in umgekehrter Richtung von unten nach oben flossen, hätte ich geglaubt. Ich hätte es jedenfalls eher glauben können, als so von der eigenen Mutter getäuscht worden zu sein.

Ob ich jetzt böse auf meine Mutter war? Nein!

Was mich bei allem so gänzlich aus den Latschen warf, war nur die Einzigartigkeit dieser Erfahrung; so etwas kannte ich noch nicht. Auf Täuschungen zu reagieren, hatte ich schon als kleiner Pimpf gelernt. Man wurde vorgeführt, steckte die Sache weg und wußte, daß die Gelegenheit einer Revanche nie lange auf sich warten ließ. Es war ein Kreislauf ohne verborgene Ecken und Überraschungen, offen und kalkulierbar, weil man nur verschwindend selten mehr zurückbekam, als man eingeschmissen hatte.

Aber das jetzt ... Ich fühlte mich nur noch groggy, geschlagen und ausgelaugt. Jeder weitere Gedanke war mir zu mühsam, sinnlos.

Kurz vor Mitternacht verließ ich die Absteige. Die Stille und Einsamkeit des engen Zimmers waren mir unerträglich geworden. Ich sehnte mich nach ein bißchen Leben ... Oder war es gar die Sehnsucht nach Trost?

Auch das hatte mich das Leben gelehrt: Es ist nicht nur das Gute und Schöne, das zu trösten vermag. Auch das Elend winkt mit Fetzen der Hoffnung und des Trostes.

Die Prostituierte, die ihren Körper in den schummerigen Räumen eines Puffs anbietet, tröstet sich am Elend einer Kollegin, die immer noch an einer zugigen Mauer ausharren muß, um sich aus dem Strom vorbeiziehender Gaffer einen Freier zu angeln. Hockt sie doch immerhin im Warmen.

Der Alkoholiker, der es sich noch leisten kann, seinen Schädel am Tresen uriger Kneipen vollzuschütten, tröstet sich am Elend eines Kollegen, der sich lange schon seinen Stoff aus einem Billigmarkt besorgen und auf den Absätzen verdreckter Kellertreppen vernichten muß.

Solange er noch seinen Zettel abdrücken kann, darf er auch weiter der »Größte« bleiben.

Der »gerechte« Spießer freut sich, daß er nicht einer von diesen »Verbrechern« ist. Diesem gereicht zu seinem Trost, daß sie ihn noch nicht erwischt haben.

Eigentlich war ich davon überzeugt, das ganze Repertoire menschlichen Elends ziemlich erschöpfend kennengelernt zu haben. Doch ich wurde eines Besseren belehrt und erfuhr, daß einer Steigerung des Leids nach oben anscheinend keine Grenzen gesetzt waren.

Der Anblick der gequälten und geschundenen, in unsäglichem Dreck, Alkohol und üblem Gestank lebenden Menschen in den lausigen Kaschemmen des St. Pauli-Milieus ließ mich dieses »verdammte« Leben einmal mehr verachten.

Es war in den frühen Morgenstunden, als ich durch die leergefegten Straßen zu meiner Absteige torkelte. Mit Alkohol reichlich abgefüllt und von den elenden Eindrücken vergangener Stunden erfüllt, packte ich mich auf mein Bett und versuchte zu schlafen.

In mir war ein hauchdünnes Empfinden des Trostes, doch nicht ganz so schlimm dran zu sein wie die anderen. Außerdem kam mir noch der für mich so völlig absurde Gedanke, diesen Menschen einmal helfen zu wollen. Es war wirklich komisch. Dann sackte ich endlich für einige Stunden ins Vergessen des Schlafes.

Am Vormittag kreuzte plötzlich meine Mutter auf. Damit hatte ich nicht gerechnet. Ich dachte nämlich, daß sie sich nach ihrem Flop mit der Wohnung nicht wieder blikken lassen würde.

Sie guckte nicht gerade freundlich aus der Wäsche. Offensichtlich hatte ihr der dicke »Transi« von der Rezeption gesteckt, daß ihr Sohn erst in den frühen Morgenstunden – und dann auch noch besoffen – ins Haus gekommen war.

Mir war das egal. Mochte sie meinetwegen doch denken, was sie wollte. Sie muß meinen Unmut über ihre leeren Versprechungen geahnt haben und hielt sich wohlweislich mit einer Moralpredigt zurück. Für sie war das an diesem Morgen das Klügste, was sie tun konnte; denn ich war stocksauer.

Nicht zurückhalten ließ sie sich indessen mit dem Appell, daß ich mich unverzüglich beim Arbeitsamt melden sollte.

Äh ... Arbeitsamt? Was sollte ich denn auf dem Arbeitsamt? Hatte sie mir womöglich dort einen Job besorgt – etwa als Arbeitsvermittler? Sie hatte doch davon gesprochen, mir einen Job verschafft zu haben. Warum eigentlich nicht zur Abwechslung einmal auf einer Behörde? Der Gedanke amüsierte mich.

Daß es nicht darum ging, auf dem Arbeitsamt einen Job als Arbeitsvermittler zu bekommen, leuchtete mir natürlich ein. Es ging vielmehr darum, mich dort als Arbeitssuchender verewigen zu lassen. Fünf Tage waren seit meiner Haftentlassung vergangen. Nicht anders als im

Falle der längst besorgten Wohnung erwies sich nun auch das Versprechen eines längst besorgten Arbeitsplatzes als unwahr. Ich war restlos bedient.

Weil ich es mit einer aufrichtigen Kursänderung wirklich zum ersten Male ernstgemeint hatte, konnte ich die leeren Versprechungen meiner Mutter nicht einfach als einen geschmacklosen Aprilscherz wegstecken.

Die Folgen dieser Täuschung waren auch weitaus schlimmer als die allgemein üblichen Resultate herkömmlicher Aprilscherze. Das Milieu erhielt einen seiner unwilligen Söhne wieder zurück – sozusagen dargereicht durch die Hände einer Mutter.

Leben im St. Pauli-Milieu

Obwohl ich anfangs wie am Boden zerstört war und eine geraume Zeit brauchte, um meine Enttäuschungen zu verdauen, war ich wiederum auch erleichtert, endlich klare Verhältnisse zu haben.

Für mich bedeuteten diese neuerlichen Erfahrungen eine weitere Lehre und Bestätigung, daß ich zukünftig nie wieder einem normalen Sterblichen über den Weg trauen konnte.

»Verlaß dich auf deinen Nächsten, dann bist du verlassen!« Daß dieser Nächste die eigene Mutter sein konnte, war mir neu. Aber die Erfahrung saß dafür um so tiefer.

Dennoch hielt ich erst einmal an meinem Entschluß fest, eine Kursänderung anzustreben. Wenngleich ich dabei wenig Hoffnung hatte, war ich doch entschlossen, mein Leben künftig durch ehrliche Arbeit zu bewältigen. Ich hatte die Schnauze gestrichen voll und sehnte mich nach einem geordneten Leben.

Leider sah es mit den Anschlüssen an ein Leben außerhalb des Milieus überhaupt nicht rosig aus. Entgegen meinen Vorstellungen, beispielsweise recht flott irgendeinen Job zu finden, bekam ich wieder einmal zu spüren, was es bedeutete, eine kriminelle Vergangenheit auf dem Buckel zu haben. Mit der obligaten Frage: »Und wo, bitteschön, waren Sie zuletzt beschäftigt?«, war das Thema Anstellung schnell erledigt: »Sie müssen verstehen, im Interesse unserer Kunden ...« – bla bla bla.

Besonders traurig nahm sich für mich jedoch die Front eines häufig arroganten, oftmals wirklich nur noch dummfrechen Behördenapparates aus. Ich begriff, daß ich meine eigentliche Strafe für vergangenes, verbüßtes Unrecht erst jetzt in der wiedererlangten »Freiheit« anzutreten hatte. Ich begriff weiter die höhnische Diskrepanz zwischen Anspruch und Wirklichkeit aller so salbungsvollen Resozialisierungsbeteuerungen.

Nach etlichen Wochen der Arbeitslosigkeit – mittlerweile stand mir das Wasser bis zum Hals – landete ich im Zuge einer ABM-Maßnahme auf einem Friedhof. Es war echt ein Witz! Was mir dort an Arbeit untergejubelt wurde, war bestenfalls als Beschäftigungstherapie zu werten. Äußerst interessant dagegen waren meine Kollegen: Ein wahllos zusammengewürfelter Haufen von Alkohol- und Drogenabhängigen, geistig Minderbemittelten und entlassenen Strafgefangenen – wie ich einer war.

Alles, was sich auf Grund einer ungünstigen Sozialprognose angeblich nicht mehr auf dem Arbeitsmarkt vermitteln ließ, somit für alle Chancen einer vernünftigen Integration gestorben zu sein schien, landete auf dem Friedhof.

Okay, ich war durch meine Haftzeit an stupide, eher noch schwachsinnige Arbeiten gewöhnt, und es fiel mir nicht einmal schwer, die mir jetzt übertragenen Aufgaben mehr oder weniger stillschweigend zu verrichten. Was ich aber nicht mehr hinnehmen konnte, war die unzulängliche Entlohnung dieser Arbeit.

Zwar war ich durch meine Haft auch daran gewöhnt, trotz voller Arbeitsleistung – in Willich unter anderem für namhafte Automobilhersteller aus Stuttgart und Wolfsburg – ausgemistet zu werden, das heißt für Pfennigbeträge zu schuften. Nur: Hier draußen war mit Pfennigbeträgen natürlich kein Land zu gewinnen. Ich konnte von meinem »Lohn« nicht einmal die Miete für meine Absteige blechen.

»Dann besorgen Sie sich doch etwas Billigeres, Herr Fietzke ...«, so der lakonische Tip eines auf ewig-jung gestylten Alt-Semesters auf einem Hamburger Wohnungsamt.

»Schön. Wovon denn bitte?« Ratloses Aufschauen von ihren frischlackierten Fingernägeln.

»Ich könnte Ihnen da einen Platz in einem Männerwohnheim besorgen; da bekommen Sie sogar Ihre Wäsche gewaschen.«

»Vielen Dank! – Lieber penne ich auf der Straße!«

»Ja, was anderes kann ich Ihnen auch nicht anbieten.«

Peng. Das war's! So oder ähnlich endeten meine Bemühungen um »etwas Billigeres«.

Um es einmal weniger derb auszudrücken: Ich fühlte mich allmählich nur noch verschaukelt. Ich konnte machen, was ich wollte – entweder hatte ich es auf den Behörden nur mit Begriffsstutzigen zu tun, oder ich erwischte solche, die gestenreich abwinkten und sich für nicht zuständig erklärten. Mir langte es dann auch, und so habe ich von den Begriffsstutzigen wiederholt einige über ihre Schreibtische gezogen ... Doch was half mir das? Von Strafanzeigen wegen Körperverletzung und Sachbeschädigung (weil mir häufig ein paar Schreibmaschinen im Weg gestanden hatten) abgesehen, brachte mir diese neuere Methode meiner Bittstellerei nichts ein.

Ich war zutiefst verzweifelt!

Damals dachte ich: Wenn das der Preis deiner beabsichtigten Kursänderung sein soll, dann sollen sie mich doch alle mal am ...

Ich war wohl vorbestraft, aber wegen Bettelei wollte ich mir keine Eintragung in mein Vorstrafenregister verpassen lassen.

Die nötigen Kontakte zu einschlägigen Kreisen waren schnell hergestellt. Durch mein Leben im Milieu ergaben sie sich ohnehin automatisch.

Während ich tagsüber dafür zu sorgen hatte, daß es meine »Untergebenen« halbwegs sauber hatten, trieb ich mich nach Feierabend in den einschlägigen Treffs des Milieus herum.

Mit der Vermittlung und dem Verkauf gefälschter Führerscheine verschaffte ich mir schnell einen akzeptablen Einstieg und Ruf. Der Deal mit den grauen Lappen tat sich anfangs zwar recht schwer, aber er ermöglichte mir jetzt immerhin, meine kärgliche Friedhofs-Gage etwas aufzubessern. Zumindest mußte ich mir nicht länger Abend für Abend den hungrigen Magen in einem der abgewrackten Stehimbisse füllen.

Ob es die Currywurst mit Pommes oder Bremsklötze (Frikadellen) mit »hausgemachtem« Kartoffelsalat waren – mir hing der ganze Ramsch zuletzt nicht nur zum Halse heraus!

Ich war bereit, zu arbeiten und mein Leben ohne faulen Zauber auf ehrliche Weise zu bestreiten. Aber ich war nicht länger bereit, mich weiterhin – wie einst in den Gefängnissen – mit lumpigen Groschen abspeisen zu lassen. Ich hatte es satt, länger herumgestoßen zu werden und wie ein Aussätziger auf der Schattenseite des Lebens zu vegetieren.

O du fröhliche . . .

Weihnachten stand vor der Tür. Wie alle Jahre wieder, waren auch jetzt unzählige Straßenzüge von einem Gewirr strahlender Lichterketten überzogen, um dem frühen Dunkel der Wintermonate etwas von seiner Trostlosigkeit zu nehmen.

Ja, sogar die grellen Neonreklamen an den Fassaden der Clubs, Cabarets und Pornoshops auf St. Pauli hatten jetzt etwas Feierliches an sich und erschienen mir in dieser vorweihnachtlichen Zeit merkwürdigerweise weniger aggressiv und aufdringlich als sonst.

Für mich war es der dritte Monat und das erste Weihnachten in Freiheit nach vier vorangegangenen Weihnachtsfesten hinter Gittern. Aber was gab's denn für mich schon zu feiern? Gut, ich war diesmal draußen, saß nicht eingelocht in irgendeiner versifften Gefängniszelle.

Hätte mir das nicht wie ein tägliches Fest sein müssen?

Nein, Weihnachten war mir nie des Feierns wert. Damals nicht, weil es mir nichts zu sagen hatte; heute schon gar nicht, weil es mir von seiner wahren Bedeutung her zu viel zu sagen hat. Es erfüllt mich nur noch mit Trauer, was wir aus ihm für ein Fest haben werden lassen.

Zwei Tage vor dem Heiligen Abend sah es so aus, als würde ich mein teures Domizil im Transvesti-Schuppen gegen eine billigere Unterkunft tauschen können. Allerdings – was mir ein eventuelles »O du fröhliche« hätte entlocken sollen, entriß mir nur ein entsetztes »O Schreck«!

Meine neue Bleibe befand sich auf der Budapester Straße, nur wenige Meter von meiner alten Unterkunft entfernt. Und obwohl meine neue Herberge alles Bisherige an Verkommenheit in den Schatten stellte, gab es für mich aus Kostengründen keine Alternative. Ich mußte dort vorerst Quartier beziehen.

Ohne Zweifel, wenn ich ein Tier gewesen wäre, hätte ich mich jetzt hundertfünfzigprozentig der Intervention eines Tierschutzverbandes erfreuen können. Doch Pech für mich, ich war nur ein Mensch und deshalb ohne Aussicht auf Hilfe von irgendeiner Seite.

Während mir in den Zeiten meiner Haft immerhin noch ein Raum von etwa zehn Quadratmetern gesetzlich garantiert war, mußte ich mich in meiner neuen Herberge nunmehr mit knappen sieben Quadratmetern begnügen. Wie vorteilhaft, dachte ich nicht ohne Ironie, daß ich bis auf ein paar Wäschestücke weiter nichts besaß.

Schlimmer als die räumliche Enge empfand ich jedoch, daß dieses Rattenloch nicht einmal über ein Fenster verfügte. Es gab lediglich eine winzige Blechklappe, die offensichtlich in einen Lüftungsschacht führte und für ein bißchen Luftzufuhr sorgte. Da so natürlich auch kein Tageslicht den Raum erhellte, verschaffte mir eine nackte, an zwei Kabeln freibaumelnde Neonröhre den notwendigen Durchblick.

Sehr interessant nahm sich auch die Schar meiner neuen Hausgenossen aus. Ob Afrikaner, Inder oder Pakistanis – ihnen allen war gemeinsam, daß sie durch die Bank abgemusterte Seeleute, Asylbewerber und Illegale waren, die ihren Lebensunterhalt zumeist aus Drogengeschäften finanzierten. Gleichzeitig beherbergte der Bruchbunker noch eine ganze Anzahl Prostituierte. Heute noch läuft es mir abwechselnd heiß und kalt über den Rücken, wenn ich an die allabendlichen Auseinandersetzungen zurückdenke, die diese Mädels mit irgendwelchen – vermutlich zahlungsunwilligen – Freiern lautstark und oft genug handgreiflich auf den dunklen Fluren auszutragen pflegten.

In der Absteige interessierte sich niemand für diese allabendliche Ruhestörung. Es hätte mit Sicherheit auch niemanden interessiert, wenn sich die streitenden Herrschaften gegenseitig abgemurkst hätten. Nichts hören und nichts sehen, war schon immer eine der sichersten Überlebens-Regeln innerhalb des Milieus.

Zu den verläßlichsten »Kunden« der Absteige zählten Polizeibeamte einer nahegelegenen Revierwache. Wenn auch überhaupt nicht gerne gesehen – und schon gar nicht eingeladen –, ließen es sich die Jungs nicht nehmen, die Absteige in regelmäßigen Intervallen heimzusuchen, um sie dann je nach den Erfordernissen wieder einmal gründlich auszumisten.

Es muß für die Sheriffs ein müßiges Geschäft gewesen sein. Die einen Bewohner waren kaum »gegangen worden«, schon standen die nächsten auf der Matte ...

»Ich schwöre dir, Fietzke, und wenn ich jedes meiner Einsatzfahrzeuge und jeden einzelnen Beamten mit deinem Bild bestücken muß: Wir kriegen dich irgendwann.« So lautete eine der vielen späteren Drohungen des Revier-Häuptlings. Aber dazu später mehr.

Erst einmal stand nun Weihnachten vor der Tür; die Jagdsaison lag noch in weiter Ferne.

Und so wurde es doch noch ein recht fröhliches Fest – zumindest für den Kneipenwirt am Ende meiner Straße. Sich seiner Sache erfahrungsgemäß sicher, daß ihn wie »alle Jahre wieder« auch der letzte Gast an diesem Heiligen Abend nicht eher verlassen würde, bis alle Gewißheit um Weihnachten und Einsamkeit aus Herz und Hirn fortgespült war, stand er uns allen mit hochprozentigem Trost wohlwollend zur Seite. Oh, war mir am nächsten Morgen schlecht!

Ausgeträumt

Weihnachten war endlich vorüber. Und während aus den Straßen die letzten Lichterketten verschwunden waren, Dunkelheit und Trostlosigkeit wieder ungehindert um sich greifen konnten, kämpften in den Warenregalen der Kaufhäuser, Krauter und Höker die letzten Weihnachtsmänner ihren aussichtslosen Kampf gegen das Heer einrückender Osterhasen: immer dasselbe.

Auch mir läutete die nächste Runde! Intuitiv ahnte ich jedoch, daß es die letzte sein würde.

Das neue Jahr hatte schon »gut« begonnen. Meine sämtlichen Bemühungen, parallel zu meiner auf sechs Monate befristeten ABM-Beschäftigung einen neuen Job zu finden, scheiterten überwiegend an meinen Vorstrafen. Den Rest abschlägig beschiedener Bewerbungen besorgten mir fehlende berufliche Qualifikationen. Die einstige Entscheidung meines Aufpassers Schrammler, mir eine Ausbildung zu verweigern, rächte sich furchtbar!

Ich wußte, wie man Autos in wenigen Sekunden stahl, in Villen einbrach und alle möglichen Papiere und Urkunden fälschte, aber erzähl so etwas mal deinem künftigen Brötchengeber – der klammert sich doch gleich an die nächstbeste Notrufsäule.

Meine Situation erschien mir hoffnungslos. Soviel allerdings stand für mich fest: Bevor ich jemals wieder auf einer

Behörde antanzen wollte, um dort vor irgendwelchen Büro-Hengsten mit Götter-Allüren den Bückling zu machen, würde ich mich lieber wieder vollends in die Kriminalität zurückfallen lassen. Meine Träume von einem normalen Leben waren – soweit nicht schon von mir im alten Jahr zurückgelassen – endgültig ausgeträumt. Was mir blieb, war weiterhin die Paradoxie von der Kriminalität als alleiniger Überlebens-Chance. Es war ein furchtbarer Teufelskreis!

Ich begann damit, mich auf St. Pauli zunehmend zu etablieren. Angebote, als Zuhälter aktiv zu werden – »Da läßt du nur noch die Hühner (Mädchen) für dich ackern und machst selbst keinen Finger mehr krumm« –, lockten mich nicht. Obwohl Gewalt für mich nur eine andere Form der Kommunikation war, habe ich Gewalt gegen das weibliche Geschlecht immer zutiefst verachtet. Zuhälter waren in meinen Augen Weicheier. Natürlich wähnte ich mich deshalb noch keinen Deut besser.

Für mich gab es auf dem Kiez genügend andere Marktlücken, die zu stopfen sich allemal rentierte. Über den anfänglichen Deal mit gefälschten Führerscheinen gelangte ich bald in jene Kreise hinein, in denen wirklich das große Geld abgezockt wurde. Dank dieser neuen Verbindungen sattelte ich dann auch von den grauen Lappen um und wandte mich lukrativeren »Arbeiten« zu. Der Rubel begann zu rollen – und das nicht zu knapp.

Nachdem mein Friedhofsdasein beendet war, konzentrierte ich mich voll und ganz auf meine dubiosen Geschäfte und deren zügige Ausweitung. Binnen kürzester Zeit besaß ich das absolute Verkaufsmonopol auf so ziemlich alles, was gut und wertvoll war. Manches alteingesessene Hamburger Unternehmen (die Namen schenken wir uns selbstverständlich) wurde von mir von der simplen Schreibmaschine bis hin zur teuersten Computeranlage ausgerüstet. Aber damit noch keineswegs genug. Mein zweites Standbein war das Gastronomie-Gefilde – und das von der Elbe bis zum Rhein! Ob Kaffee, Spirituosen oder Zigaretten – Computer-Rudi lieferte prompt und diskret.

Ganz so, wie es sich für einen »anständigen« Bürger geziemte, wohnte ich nun selbstverständlich nicht länger im Milieu. Statt meiner elenden Behausung bewohnte ich jetzt die komplette Etage einer Feudalherberge am Rande von Hamburg.

Um meinen kriminellen Umtrieben nach außen hin den Anschein von Legalität zu verpassen, betrieb ich – gemeinsam mit dem Sohn eines Hamburger Reeders – in Hamburg einen Handel mit Küchengeräten.

Ich konnte mich echt nicht beklagen. Ich lebte ein schönes und angenehmes Leben – zumindest nach außen hin. Wann und wo immer es ein Geschäft zu wittern gab, schlug ich zu. Ich ließ nichts anbrennen. Es war wie seinerzeit in Köln: Gepackt und von der Faszination des Bösen wie besetzt, versetzte mich schon der bloße Gedanke an kriminelle Handlungen in eine Art Rauschzustand.

Plötzlich war ich wieder jemand. Ich verfügte über genügend Mittel, mein arg angeschlagenes Selbstwertgefühl durch die zur Schau gestellten protzigen Werte auszugleichen. Ein Trend, der beileibe nicht nur dem Milieu vorbehalten ist!

Sind wir doch ehrlich: Man kann in unserer auf materiellen Wohlstand fixierten Gesellschaft inwendig noch so hohl, charakterlich ein Schwein sein und obendrein noch für weniger als fünf Pfennig Gehirn im Kopf haben – kompensiert man alle diese Defizite mit den zur Schau gestellten materiellen Errungenschaften, werden einem zuletzt selbst die Gescheitesten und Ehrbarsten sonstwo hineinkriechen.

Von mir aus hätte es gerne bis ans Ende meiner Tage so weitergehen können. Auch wenn mich sporadisch immer wieder einmal Heimsuchungen meines geplagten und überstrapazierten Gewissens einholten.

In der Folge lebte ich zwei Leben. Für meine wenigen Hausnachbarn, die allesamt gutsituiert waren, war ich der aufgeschlossene, etwas spleenige Junggeselle, der in äußerer Harmonie und Eintracht mit Freundin und einem leicht verhaltensgestörten Boxerrüden sein Leben lebte.

Ich spielte meine Doppelrolle bestimmt nicht schlecht. Hm, wenn die lieben Nachbarn gewußt hätten ... Aber sie wußten nichts. Und sie wußten auch dann noch nichts, als jetzt immer häufiger ungebetener Besuch bei mir aufkreuzte.

Ich war doch sehr erleichtert, daß einer Abordnung in Zivil weder Job noch Anliegen auf die Stirn geschrieben waren. Es waren nämlich die Herren von der Kripo.

Daß die Polizei die Jagd nach mir eröffnet hatte, wußte ich. Wiederholte Festnahmen ließen darüber längst keinen Zweifel mehr aufkommen. Wenn auch vieles an Ermittlungen auf unerklärliche Weise den Bach runterging, geholfen hat's letzten Endes nichts mehr. Die Karre saß schon zu tief im Dreck.

Bei einem Deal mit einem unterschlagenen Sportwagen ging ich dann endgültig hops.

Fragen nach dem Sinn des Lebens

Eigentlich hätte es mir schon nichts mehr ausmachen dürfen – und doch, wann immer es mich erwischte und ich wieder einmal hinter Schloß und Riegel landete, traf es mich ungemein hart. Auch jetzt erging es mir so.

Manchmal kam ich mir vor, als würde ich wie ein altes Haus Stück um Stück abgerissen. Ich glich wahrhaftig einer Ruine, das konnten auch die teuersten Anzüge nicht mehr kaschieren. Zu sehr hatten die vielfachen Einschläge des Lebens wie Blitze auf mich eingewirkt und dabei ihre verheerenden Spuren hinterlassen. Mehr noch war es meine permanente Uneinsichtigkeit, die ungehindert ihr Zerstörungswerk an mir ausrichten konnte. Diese Zerstörung meiner selbst nahm ich billigend in Kauf. Ich selbst war es, der die Zerstörungsmaschinerie beständig auf Touren hielt und sie unvermindert zu Höchstleistungen antrieb.

Das Hamburger Untersuchungsgefängnis glich, von einigen Ausnahmen abgesehen, in etwa all jenen Untersuchungs-Haftanstalten, die ich mittlerweile zur Genüge kennengelernt hatte. Auffällig anders war, daß ich kaum etwas auszustehen hatte. Die Aufpasser waren korrekt und freundlich.

Es war kaum zu glauben, aber ich hatte nicht ein einziges Mal Alarm während dieser Zeit. Und das hieß schon etwas.

Aber auch diese Erfahrung war für mich völlig neu: Anders als während meiner vorangegangenen Haftaufenthalte erlebte ich nun erstmals eine tiefe Erschütterung meiner grundlegenden Lebenseinstellung.

Die Frage nach dem Sinn des Lebens hatte mich schon in einem Alter bewegt, in welchem Gleichaltrige für gewöhnlich eher von den Fragen nach neuem Spielzeug umhergetrieben wurden. Damals hatte ich sie natürlich nicht so konkret gedacht und ausformuliert.

Ich war überrascht, wie diesmal alles anders zu sein schien. So war mein jetziges Fragen nach dem Sinn des Lebens nicht nur von einer grundsätzlicheren Art als früher. Plötzlich war mir die Sache so wichtig geworden, daß ich nicht mehr alles verbrecherische Treiben bloß als Ausdruck eines von Defiziten gebeutelten Lebens abtun konnte.

Es war nicht das erneute Eingesperrtsein und nicht die miesen Umstände um mich herum, die meine Fragen nach dem Sinn des Lebens in solchem Maße intensiviert hatten. Und es waren schon gar nicht Gewissensqualen, etwa wegen der Verletzung irgendwelcher Gesetze. Das alles scherte mich vorerst auch weiterhin einen Teufel.

Das Leben kannte ich soweit. Ob es das Straßenmilieu oder die Gemächer einer Feudalherberge waren – den Sinn des Lebens hatte ich dort nirgends gefunden.

Ich kannte die Bordelle, Bars und Kaschemmen einiger Großstädte. Sie hatten mich nicht nur nicht weiter neugierig machen können, sondern sie waren mir auch eine Antwort auf mein Suchen nach dem Sinn des Lebens schuldig geblieben.

Gut, es bliebe noch meine Freude am Geld und schönen,

schnellen Autos zu erwähnen. Hand aufs Herz: Wer von uns hätte nicht schon dem Glauben angehangen, auf der Suche nach dem Sinn seines Lebens einzig an den Quellen sprudelnder Finanzen fündig zu werden? Und wer von uns wollte sich nicht immer schon auf allen Routen seinen Kurs vom Stern aus Stuttgart weisen lassen – statt, vom Nebel ewig beschlagener Scheiben einer Volkskutsche umgeben, umherzuirren? Na bitte.

So schön zumindest die letztgenannten Dinge auch sein konnten, ihr Besitz ließ mich doch unzufrieden und leer ausgehen.

Worin aber – um alles in der Welt – war der Sinn des Lebens dann zu suchen? Zu welchen Orten und Besitztümern mußte ich mich noch aufmachen, um endlich fündig zu werden?

Ja, plötzlich war ich zum Suchenden, zum Grabenden und Bohrenden geworden! Etwas in mir begann nach Licht zu schreien, nach Befreiung; ja einfach nach wahrem Leben.

Ein müßiges Unterfangen, dachte ich zu Anfang. Je mehr ich Ausschau hielt und fragend in mich ging, desto aberwitziger und hoffnungsloser erschienen mir alle Aussichten auf eine Wende meines verpfuschten Lebens.

Dann aber tat sich etwas: Noch wütend und frustriert darüber, mich auf der Suche nach dem Sinn doch nur wie ein blecherner Brummkreisel um die eigene Achse zu drehen, fiel mir das Mitteilungsblatt einer christlich orientierten Gefangenenmission in die Hände, das irgend jemand zusammengedrückt auf den Gang des Zellentraktes geworfen hatte.

Christen ... Na, das waren mir gerade die Richtigen, dachte ich damals. Ausgerechnet die.

Das Blatt war voll des Lobes über Gottes Taten. Ich las weiter darin, daß man sein Leben »nur getrost in die Hände Jesu zu legen brauche«, alles weitere würde er dann schon machen.

Wie bequem demnach also alles zu sein schien, wenn man nur über die nötige Einfältigkeit verfügte ... Ich verstand nur Bahnhof.

Nachdem ich eine Weile überlegt hatte, was mit dem Blatt und seiner Botschaft anzufangen sei, setzte ich mich eines Abends an meinen wackligen Zellentisch und schrieb an diese Gefangenenmission. Ausschlaggebend war mir, daß das Blatt versprach, Kontakte von draußen nach drinnen zu vermitteln.

Irgendwelche konkreten Erwartungen konnte ich nicht nennen. Ich verspürte aber ein leises Ahnen, daß eine Orientierung in diese Richtung zumindest nicht nur falsch sein konnte. Und außerdem: Wenn's denn auch nichts bringen mochte, schaden konnte es ganz sicher nicht.

»Stell dich Christus, Rudi«

Damit hatte ich nun wirklich nicht gerechnet: Nicht einmal vierzehn Tage waren verstrichen, als ich prompt einen Brief aus Salzgitter erhielt. Die Jungs schienen in ihren Vermittlungsbemühungen ja mächtig auf Zack zu sein. Das gefiel mir schon mal.

Was mir dagegen überhaupt nicht gefallen wollte, war der Brief selbst. In der Tat, dem Schreiben fehlte bloß noch das Signet einer Justizbehörde ... So drastisch waren ja nicht einmal sämtliche meiner Anklageschriften formuliert. Oh, war ich sauer. Die Type war wohl nicht ganz dicht, dachte ich zornig, als ich sein »frommes« Schreiben las. Daß ich ein Ganove war und alles andere als zu Unrecht einsaß, wußte ich selbst. Das mußte mir nicht erst ein Anstreicher aus Salzgitter zentimeterdick aufs Brot streichen.

»Die Hölle ist der Sünder Lohn ...«, so oder ähnlich drückte sich der Schreiber des Briefes in einer Tour aus.

Was mochte sich der gute Mann eigentlich dabei gedacht haben, mir einen jenseitigen Höllenaufenthalt in Aussicht zu stellen? Sah der Kerl denn nicht, daß mein Schreiben den Absender einer diesseitigen »Hölle« trug?

Es roch also wieder einmal mächtig nach Schwefeldampf. Das schien mir wieder mal typisch für dieses fromme Gesocks ... Wenn's nicht der »liebe« Gott war, der als Schreckgespenst herhalten mußte, dann waren es eben die schwefelumwobenen Höllendrohungen.

Aber mir waren derartige Gepflogenheiten ja aus meinen Kindheitstagen noch bestens vertraut. Ich feuerte das Schreiben in den Mülleimer. Eigentlich hätte die Sache für mich damit erledigt sein müssen. Und wäre da nicht ein unbestimmtes Drängen in mir gewesen, es noch mal zu versuchen, ich wäre wohl mit einem großen, unausgeräumten Vorurteil zu Grabe geschleppt worden.

Ich ließ einige Wochen verstreichen und schrieb erneut an die Gefangenenmission. Wieder reagierten die Jungs prompt und ohne langen Firlefanz.

Nur wenig später flatterte mir ein neues Schreiben in meine Zelle, diesmal jedoch nicht wieder aus Salzgitter, sondern direkt aus dem schönen Hamburg. Der Absender des Briefes war eine an Jesus Christus gläubig gewordene Familie. So stellten sie sich in ihrem Schreiben vor.

Mag sein, daß es sich ein wenig pathetisch anhört – und dennoch: Anders als jener erste Brief strahlte dieser so etwas wie Wärme und Herzlichkeit aus.

Geschrieben hatte die Mutter der Familie, ein originelles, witziges Persönchen. Ich mag Menschen, die schlicht sind, eine gesunde Portion Humor haben und nicht alles so tierisch ernst nehmen. Ist das Leben nicht zuweilen dörr genug? Na bitte.

Dem Brief, der Christus als Ausweg aus aller Ausweglosigkeit aufzuzeigen versuchte, war wirklich eine Erfahrung abzuspüren, die in mir als Leser so etwas wie Neugierde, ja sogar Hoffnung weckte.

Da waren keine Anklagen, keine salbungsvollen Sprüche oder rhetorisch ausgefeilte Glaubensartikel, sondern nur der schlichte, völlig undramatische Bericht einer Hausfrau und Mutter. Natürlich war ich nicht wenig überrascht. Sie schrieb: »Stell dich Christus, Rudi. Nur er allein ist fähig, dein Leben von Grund auf zu verändern, es mit Sinn und Inhalt auszufüllen.«

Äh, Christus? Wer war denn Christus? Meinte die gute Frau vielleicht jenen kleinen Knirps, den alle Welt um die Weihnachtszeit von verstaubten Dachböden herunterschleppte und unter festlich geschmückten Tannen aufbahrte, um ihn am Ende allen Tamtams wieder nach dorthin abzuservieren? Meinte sie wirklich diesen Christus?

Gott war mir von frühester Kindheit an vertraut, wenngleich auch nur wie chiffriert. Aber Christus, Jesus Christus? Nein, mit einem Jesus Christus konnte ich überhaupt nichts anfangen. Mir ging es wie jenem Zeitgenossen, der auf die Frage eines Straßenpredigers »Kennen Sie Jesus Christus?« verlegen antwortete: »Tut mir leid, ich bin nicht von hier.«

Wie konnten erwachsene Menschen an einen Knirps glauben ... Gerne hätte ich mich jetzt über so viel scheinbare Naivität und Einfältigkeit lustig gemacht. Doch plötzlich geschah etwas, was ich bis dahin noch nicht erlebt hatte: Wie das Aufkommen des Windes ein ganzes Massiv dunkler Wolkenberge sprengen kann, um dem strahlenden Licht der Sonne Bahn zu machen, so zerriß für kurze Augenblicke das dunkle Wolkenband am Horizont meines Lebens. Licht fiel in mein Herz! Ja, mir war, als hätte ich nach unendlich langer Zeit zum ersten Mal meinen Kopf aus dem Spalt einer finsteren Höhle herausgestreckt. War ich so schnell am Ziel? Durfte ich mich nach allem vergeblichen Suchen nun endlich neu orientieren?

Am Ziel war ich noch nicht! Vorerst blieb das Dunkel auch weiter in mir und um mich herum. Aber ich ahnte jetzt, daß ich zumindest auf dem richtigen Kurs zu einer Lebenswende war.

Wenn und Aber

Der Knast wollte mal wieder kein Ende nehmen. Nach achtmonatiger Untersuchungshaft, die angereichert war mit den wenigen willkommenen Abwechslungen mehrerer Gerichtsverhandlungen, landete ich zur Strafverbüßung in der Strafanstalt Hamburg-Fuhlsbüttel, wohl besser als »Santa Fu« bekannt.

Mit von der Partie – wenngleich auch nur extern – waren Ursel und Walter, meine nunmehr treue Briefpartner-Familie. Einfach schön, mit welcher Hingabe sie bei der Stange blieben!

Ich bewunderte die beiden! Zugegeben, die Hartnäckigkeit, mit der sie an ihrem christlichen Glauben festhielten, drohte mir anfänglich doch bös auf die Nerven zu gehen. Mehr noch ihre Versuche, ihren Glauben als Allheilmittel zu verkündigen. Aber es war letztendlich gerade dieses unglaubliche, uneigennützige Engagement für ihren Glauben, das mich nachhaltig zu beeindrucken begann. An solch einem Glauben mußte doch etwas dran sein ... Und doch hatte es für mich den Anschein, als sollten mir solche Erfahrungen verschlossen bleiben.

Wurden meine zaghaften gedanklichen Annäherungsversuche an das Thema Glauben nicht schon durch den Haftalltag plattgemacht, so bekam ich es umgehend mit der inwendigen Barriere von Wenn und Aber zu tun. Meine Seele wurde zu einem Schlachtfeld.

Wie sollte auch an einem Ort wie Santa Fu das bezeugte Wort eines mir unbekannten Gottes Früchte tragen? Wog denn nicht die Schlechtigkeit meines eigenen Herzens und wog nicht auch das Umfeld des Knastes hundertfach schwerer als die wenigen Briefzeilen einer Hausfrau und Mutter, die mir von ihrem Erlöser schrieb?

Der von ihr hochgehaltene Liebesanspruch ihres Gottes stand im krassen Widerspruch zu dem, was mir bisher im Leben widerfahren war. In meinem Inneren begann es fürchterlich zu rebellieren. Je mehr mich das Thema Glaube anzugehen drohte, desto heftiger wurden meine Widerstände.

Wo war dieser große Gott, der Allgegenwärtige, als sich meine Eltern zusammentaten, um dem Leid und Unheil Nachschub zu zeugen?

Wo war dieser »große Gott der Liebe und Barmherzigkeit«, als Fausthiebe und Fußtritte, Hunger und Kälte, Einsamkeit und Trauer meine Zeiten ausfüllten?

Und wo war der große Gott, der »Baumeister und Erforscher aller Herzen«, als meines begann, sich mit Bosheit zu füllen und zu einer Mördergrube für mich und andere zu entarten?

Wäre es nicht liebevoller gewesen, mich – und all die vielen unerwünscht Geborenen – bei den Totgeburten auf den Tag eines künftigen Heils zu verwahren?

Allmählich fiel mir auf: Es wäre schizophren, Gott zwar sämtliche Leiden anzulasten, ihn ansonsten aber für nicht vorhanden zu erklären. Nach dem Motto: Wenn es mir schlecht geht, hängt das mit tausend widrigen Umständen zusammen. Aber wenn es mir gut geht, habe ich das selbst geschafft.

Ich hatte den Eindruck, mich inmitten einer gewaltigen Schlacht zu befinden. So wie sich zwei kriegführende Parteien Auge in Auge gegenüberstehen, so sah sich nunmehr mein unersättlicher Hang zum Bösen einem tiefen Sehnen nach Befreiung und Erneuerung gegenüber. Hineingeraten in das Spannungsfeld zwischen Gut und Böse, begann ich zu ahnen, daß es hier nicht mehr bloß um zwei gegeneinanderstehende Wesenszüge des menschlichen Herzens ging. Ich begann zu begreifen, daß Gut und Böse sehr real mit meinem Leben zu tun hatten und von unterschiedlichen Interessen besetzt waren.

Weiter wurde mir klar: Die Bibel spricht unmißverständlich von Gott auf der einen und von Satan – dem Widersacher Gottes und der Menschen schlechthin – auf der anderen Seite.

Wo die Bibel vom Satan als dem Widersacher spricht, da meint sie eben nicht jenes karikierte Wesen mit Klumpfuß und Mistforke, wie es uns allenthalben so hübsch verharmlosend in Comic-Heftchen entgegentritt. Gemeint ist vielmehr jene treibende Kraft, die oft genug ursächlich hinter den Auswüchsen und Entartungen menschlichen Handelns steht. Für die wir auf der Suche nach dem Warum und Wieso oft nur ein erschüttertes »Unerklärlich« anführen können.

Ich kannte das Verlangen, Gutes tun zu wollen, aber gleichzeitig auch dieses dominierende Unvermögen, vom Bösen abzulassen.

Sollten aber all diese Regungen in mir nichts anderes sein als eine x-beliebige Gehirntätigkeit, die letztendlich nicht mehr Sinngehalt aufzuweisen hatte als Husten und Schnupfen?

»Stell dich Christus, Rudi ...« Immer wieder drang dieser Aufruf meiner lieben Briefpartner-Familie in meine Gedanken. Ja, warum eigentlich nicht? Lag hier nicht doch der Schlüssel zum Verlassen meiner inwendigen Finsternis, meiner Ungewißheit schlechthin? Was brachte mir alles weitere Theoretisieren ein? Alles aufschiebende Wenn und Aber?

Hieß es jetzt nicht vielmehr, die Probe aufs Exempel zu machen, den Sprung ins kalte Wasser und damit ins Ungewisse zu wagen? Was fürchtete ich eigentlich zu verlieren, wenn ich Christ wurde?

»Wenn das wahr ist ...«

Es war an einem herrlichen Frühlingsmorgen, als sich die schweren Tore meines steinernen Grabes lärmend und quietschend öffneten. Bewaffnet mit einem kleinen Handkoffer, in dem sich meine spärliche Habe befand, trat ich auf den großen Vorplatz der Strafanstalt ...

Ich war wieder frei! Das liebe Angebot von Ursel und Walter, mich abzuholen, hatte ich schon Tage zuvor dankend zurückgewiesen. Ich wollte niemandem zur Last fallen. Und außerdem, wohin hätten sie mich auch kutschieren sollen? Ich besaß weder eine Wohnung noch ein anderweitiges festes Ziel, das ich jetzt hätte ansteuern können. Was ich dagegen besaß, waren ein paar lausige Märker, für die ich mich für die nächsten Tage in einer billigen Absteige einnisten konnte. Und das tat ich dann auch. Billige Klitschen gab es nur auf St. Pauli. Also führte mich mein Weg auch umgehend wieder dorthin.

Auf St. Pauli hatte sich in der Zeit meiner Abwesenheit nichts verändert. Warum auch. Alles war so, wie ich es in lebendiger Erinnerung hatte. In den Straßen stank es nach verbranntem Fett und abgestandenem Essen. Durch die geöffneten Türen der Bars, Kneipen und Kaschemmen drangen dicke Schwaden abziehenden Tabakqualms, Stimmengewirr und das Getöse bässe-hämmernder Musikboxen weit auf die Straße heraus.

Auf den Straßen wälzten sich dichte Menschenmassen gaffend und belustigt an den Schaufensterauslagen der Sexshops vorbei. In den dunklen Hauseingängen der vielen Nebengassen waren vereinzelt die kurz aufglühenden Punkte gierig inhalierter Zigaretten auszumachen ...

Hier und da sah man nackte Hände aus dem Dunkel hervorschnellen, die sich herausfordernd in den Jackettstoff vorbeiziehender Freier eingruben ...

»Hallo, mein Schätzchen! Na, hat dir die Mami heut freigegeben? – Bist ja ein hübscher Bengel ... kommst du mit hoch zu mir? Was, du willst nicht? Bist wohl nen bißchen anders rum, wa? Mach dich bloß vom Acker – du Spinner.« Auch diese Texte waren mir noch bestens vertraut.

Aus den offenen Fenstern, im zweiten Stock einer heruntergekommenen Behausung, war das Gekeife einer Mutter zu hören, die verzweifelt gegen die Taubheit ihrer ungezogenen Gören anschrie. Vom nahegelegenen Hafen drang dumpf das Geheule einer Schiffssirene herüber. – Alles war so wie immer ...

Alles? – Nein! Anders nämlich als in den Zeiten vor meiner Verhaftung, fühlte ich mich jetzt eigenartigerweise dem Milieu gegenüber fremd und nicht mehr zugehörig. Irgend etwas, das ich nicht definieren konnte, hatte sich zwischen uns geschoben. Selbst den kleinen Mauscheleien, denen ich erst einmal wieder nachging, um finanziell nicht völlig abzubrennen, vermochte ich eigenartigerweise nicht mehr die gewohnte Freude oder Genugtuung abzugewinnen.

Etwas in mir war im Umbruch. Mir ging es wie einem

Reisenden, der nach außen und innen mit der alten Heimat gebrochen hatte, dem aber zum endgültigen Grenzübertritt noch die letzte Formalität fehlte. Wie wertvoll sollte mir dafür werden, daß ich in dieser Situation Menschen wie Ursel und Walter hatte. Mit den beiden schien ich es überhaupt bestens getroffen zu haben.

Kaum ein Tag verging, an dem wir nicht wenigstens miteinander telefonierten. Es zog mich zu diesen Menschen. Ich wollte ihnen zuhören und mich von ihrer Wärme und Freundlichkeit innerlich aufhellen lassen. Ganz besonders schön waren meine häufigen Besuche bei ihnen, die jedesmal in einer offenen und überaus warmherzigen Atmosphäre verliefen.

Diese Zeiten glichen in etwa einem Verweilen auf einer fernen, friedlichen Insel. Umgeben von einer vorher nicht gekannten Ruhe und Reinheit (keineswegs wirklichkeitsfremd), genoß ich bei den beiden, für Augenblicke aus den dunklen und hektischen Umtrieben meiner Welt auf St. Pauli herausgelöst zu sein.

Weiter beeindruckte mich, mit welcher Ernsthaftigkeit diese Menschen selbst über den Sonntag hinaus an ihrem Christsein festhielten und es auslebten. So etwas kannte ich überhaupt nicht. Bekannt war mir nur ein Christsein, das spätestens mit dem Ablegen der Sonntagsgarderobe für den Rest der Woche in die Versenkung geriet.

Was mir Ursel und Walter ohne Zwang, Krampf und Frömmelei vorlebten, brachte mich bald zur Änderung meiner bisherigen Ansichten über Gott und einen nicht geringen Teil seines Bodenpersonals.

War ich anfangs noch geneigt, ihren Glauben und ihre Lebensfreude für eine Anleihe bei einem mir unbekannten Optimismus zu halten, so wurde ich darin zusehends eines Besseren belehrt.

Bald folgten die ersten Einladungen zu den Gottesdiensten, die die beiden besuchten. O Mann, wann eigentlich hatte ich mich zuletzt in eine Kirche verlaufen! Nix, dachte ich, bei allem, was recht sein mochte, aber in eine Kirche wollte ich mich auf keinen Fall schleppen lassen. Ich war wohl bereit, durch das Leben meiner beiden Freunde beeindruckt, mich den Dingen des christlichen Glaubens zu öffnen. Aber die Kirche konnte mir dabei wahrhaftig gestohlen bleiben.

Meine Erfahrungen mit der Kirche in meinen Kindheitstagen waren mir in jeder Hinsicht ein rotes Tuch! Ich hatte die spirituelle Langeweile, die Langatmigkeit und all jene bös dreinschauenden Platznachbarn nicht vergessen. Sie registrierten offensichtlich nur mein ruheloses Hin- und Hergezappel, mein Husten und »ungezogenes« Nasehochziehen ...

Nichts war vergessen, und nichts fürchtete ich so sehr wie eine Wiederholung derartiger Erlebnisse. Kurzum: Mich konnte die Kirche mal!

Um meine treuen Freunde dann aber nicht länger vor den Kopf zu stoßen – leicht hatten sie es ohnehin nicht mit mir –, willigte ich in eine ihrer wiederholten Einladungen schließlich doch ein.

Im stillen dachte ich mir: Wenn's dir zu blöde wird, kannst du ja immer noch wieder verduften.

Es wurde mir nicht zu blöde! Im Gegenteil, was sich mir hier als Kirche darbot, überraschte mich doch sehr. Wie Kirchen im allgemeinen auszusehen pflegten, war mir auch als Nichtkirchgänger nicht unbekannt. Es gab sie schließlich in Hamburg beinahe ebenso zahlreich wie Kneipen um die Ecke. Natürlich wesentlich weniger beliebt und dementsprechend weniger heimgesucht.

Von außen hatte das Gemeindehaus nichts mit den vertrauten Kirchenbauten gemein. Erst ein überdimensionales Kreuz, das an der Außenfassade prangte, wies den Unkundigen darauf hin, wo er sich befand. Ansonsten aber ähnelte das Gemeindehaus eher einem unscheinbaren Wohnhaus; nur eben mit einem gläsernen, im Parterre gelegenen, sehr schönen Pavillon.

Ich befand mich in einer evangelisch-freikirchlichen Pfingstgemeinde. Daß es solche Glaubensgemeinschaften gab, parallel zu den etablierten Volkskirchen, war mir bis dahin nicht bekannt. Schon gar nicht bekannt waren mir die lockeren Umgangsformen, mit denen man sich dort untereinander begegnete. Die allgemein übliche Anrede mit dem Du verlieh dem ohnehin schon sehr gelösten Rahmen die Atmosphäre einer Großfamilie. Angenehm abgerundet wurde dieses Idyll noch durch herumtollende Kinderscharen, die sich frei und ungezwungen und ohne argwöhnische Beobachtungen bewegen durften.

Das hätten wir uns als Kinder mal in unserer Kirche erlauben sollen, dachte ich, dafür hätte es mit Sicherheit gleich einen Satz warme Ohren gegeben.

Plötzlich wurde mir beim Anblick dieser so frei und gelöst wirkenden Menschen schwer ums Herz. Es war nicht allein der für mich als eingefleischtem Einzelgänger äußerst ungewohnte freie Umgang, sondern vielmehr die aufkommende Angst, daß ich in einem solchen Umfeld nie wirklich heimisch werden könnte. Denn würde ich in den Reihen dieser Christen nicht immer ein Außenseiter bleiben? Mußte ich nicht für manchen von ihnen sogar einem Wolf gleichen, der sich auf der Suche nach neuen Lebensräumen bloß ins Gatter einer friedliebenden Herde verirrt hatte und dem hier die Absicht des Reißens näher lag als das Verlangen zu beten?

(Es war dann zumindest auch so – um das einmal in einem Bilde auszudrücken –, daß ich das rauhe Fell des Wolfes nie gegen das weiche, flauschige eines Lammes habe eintauschen können. Aber eine Bedrohung der Herde ist immer nur von den umgekehrt Verkleideten ausgegangen. Heute glaube ich, daß ein Rudel Schafe im Wolfspelz so mancher Gemeinde sehr gut anstehen würde – leider aber sind sie nach wie vor nicht gern gesehen.)

Meine anfänglichen Bedenken sollten sich weitgehend als unbegründet herausstellen. Ich erfuhr, von einigen Ausnahmen abgesehen, herzlichste Aufnahme.

Ja, ich erlebte eine Begleitung, ein Getragensein, wie ich es mit Worten auch nicht annähernd wiedergeben kann, ohne die Größe dieser Liebe und Herzlichkeit zu schmälern.

Tief beeindruckt von einer solchen Erfahrung des Angenommenseins, zog es mich bald in immer kürzeren Abständen zu diesen Menschen hin.

Entscheidend waren für mich aber auch die Erlebnisberichte von Menschen, die in etwa dem gleichen Umfeld entstammten wie ich. Was sie auf Grund ihrer konsequenten Hinwendung zu Jesus Christus an Veränderungen zum Guten vorzuweisen hatten, konnte auch ich als chronischer Skeptiker nicht so mir nix, dir nix auf die Konten der Allerwelts-Götter »Zufall«, »Glück« oder »Schwein« verbuchen.

Für mich gab es folglich nur noch die eine logische Konsequenz: Wenn das wahr war, was die da sagten, dann wollte ich die Probe aufs Exempel wagen und mich einer »wohlwollenden Intervention« Gottes in meinem Leben nicht länger verschließen. Und so bat ich an einem Abend: »Gott, wenn das wahr ist, wenn es dich tatsächlich geben soll, dann nimm mein versautes Leben und mach daraus etwas Neues.«

Zugegeben, vielleicht eine unflätige Art, jemanden um Hilfe anzugehen. Aber ich hatte das Beten nicht gelernt.

Die Ernüchterung

Eigentlich hätte ich sie ja jetzt augenblicklich allesamt umarmen müssen: Polizisten, Staatsanwälte, Richter, Pädagogen, Psychologen und wer sonst noch auf meiner Abschußliste stand. Aber wo war sie, die überschwengliche Freude und das ungestüme Verlangen, die ganze Welt umarmen zu wollen, wovon in sämtlichen Erfahrungsberichten – sozusagen als sichtbares Zeichen einer echten Veränderung – die Rede war.

Was war los? Weder der zuvor versprochene Frieden, noch irgendeine Freude, noch gar die in Aussicht gestellte

»Befreiung von sämtlichen Bindungen« (Zigaretten, Alkohol usw.) schienen meine Entscheidung zur Umkehr begleiten zu wollen. Es rührte sich nichts ... Das heißt, es rührte sich schon etwas, nämlich mein gewohntes Verlangen, erst einmal vor die Kirchentür hinauszutreten, um mir eine Zigarette zwischen die Zähne zu schieben.

Ich weiß, jetzt fühlt sich bestimmt so mancher Glaubensgenosse arg auf die Hühneraugen getreten. Und ich höre schon die Stimmen derer, die mich fast der Gotteslästerung überführt meinen. Ich rechne des weiteren auch mit denjenigen, die ja »immer schon gewußt haben«, daß der christliche Glaube und alles »Gerede über Jesus und Gott« eben nichts als »Bauernfängerei« sei.

Nun, ich bitte meine Glaubensgenossen, sich nicht voreilig auf die Suche nach geeigneten Holzscheiten aufzumachen, und den Besserwissern und Triumphatoren möchte ich wärmstens ans Herz legen, sich nicht zu früh zu freuen.

Damals fragte ich mich: Wenn Gott wirklich zu seinem Wort steht, wie kann er dann einen Hilfesuchenden so auflaufen lassen?

Wie war es um den Wahrheitsgehalt jener Erlebnisberichte bestellt, die mir soviel Hoffnung gemacht und mich letzten Endes erst zu einer Entscheidung für Christus bewogen hatten? Hatte ich es genaugenommen nicht doch bloß mit einem Trupp von Traumtänzern oder frommen Spinnern zu tun?

Meine ersten Erfahrungen waren nicht die von Friede, Freude und Befreiung. Sie glichen eher einem Frontalzusammenstoß. Nicht ein Gefühl der Befreiung war das erste Anzeichen der erfolgten göttlichen Intervention, sondern die überaus schmerzliche Erfahrung eines inneren Zusammenbruchs.

Wenn ich gesagt habe, daß sich im Augenblick meiner Entscheidung für Christus nichts rührte, dann gilt das nur im Blick auf meine unerfüllten Erwartungen. Ich erlebte – wie es leider bis heute in manchen christlichen Kreisen gang und gäbe ist –, daß das Heilsangebot Jesu Christi mit einer

Vielzahl zusätzlicher »Verheißungen« (billigen Versprechungen) »aufgewertet« wurde.

Für mich stehen derartige Versuche den unmöglichsten Formen eines unlauteren Wettbewerbs in nichts nach. Da wimmelt es nicht nur von Sonderangeboten billigster Gnade, sondern es wird zugleich ein Leben in Aussicht gestellt, das fortan von immerwährender Glückseligkeit erfüllt sein werde. So, als ob sich durch eine Bekehrung sämtliche Probleme in Luft oder Wohlgefallen verflüchtigen würden. »Du mußt dich nur erst bekehren, dann . . .«

Ich wartete lange Zeit auf jenen Luftzug, der mir meine Probleme und Nöte forttragen sollte.

Wohl bin ich daran nicht im Glauben gescheitert, aber ich hätte mir bei einer sachgemäßen Unterweisung über das Leben mit Jesus doch so manche Schlappe und Enttäuschung ersparen können.

Wer also der Meinung ist, es ginge in einem »entschiedenen« Glaubensleben völlig ohne Blessuren und Niederlagen ab, der sollte sich vielleicht besser einen Gott schaffen, der ihm ein solches Leben auch garantieren kann. Der Gott der Bibel liefert zu solch einer Ansicht jedenfalls keinerlei Anhaltspunkte! Der Sohn Gottes ist nicht der Vorsteher eines Erste-Hilfe-Trupps, der gekommen ist, um Trostpflästerchen zu verteilen!

Viele Bemühungen einer deshalb erforderlichen Seelsorge wären überflüssig, wenn die Kostenfrage wahrer Nachfolge Jesu nicht den Behauptungen vom »immerwährenden Frieden« und dem »beständigen Siegesleben« geopfert würden.

Zu einem Spaziergang sollte das Leben mit Jesus bei mir jedenfalls nicht werden. Das zeigte sich bald.

Aller Anfang ist schwer

Es war zum Verzweifeln! Kaum hatte ich einen Schritt nach vorne getan, da ging's im hohen Bogen wieder zehn Schritte zurück.

Wie oft sehnte ich mich am Ende eines Gottesdienstes danach, in ein geordnetes Umfeld heimkehren zu können ... So aber kam ich zurück ins Milieu und sah mich dort sofort wieder der inneren Schätze beraubt, die ich mit dem Wort Gottes gerade aufgenommen hatte. Oft war ich dann auch wie am Boden zerstört. Selbst die gutgemeinten Durchhalteparolen meiner lieben Glaubensgenossen vermochten daran kaum etwas zu ändern. Es war echt das Grab!

In diesen Phasen ständiger Wechselbäder, in denen ich das Gute suchte und doch vom Bösen immer wieder eingeholt wurde, packte mich öfters die schiere Verzweiflung.

Nicht selten war ich in dieser Auseinandersetzung zwischen neuem und altem Leben drauf und dran, alles hinzuschmeißen. »Du packst es nie, Alter«, dachte ich resigniert.

Dann aber tat sich etwas, was mir zum großen Durchbruch verhalf. Zumindest sah es am Anfang ganz danach aus.

Es war an einem Nachmittag, als ich wieder einmal auf einen kurzen Abstecher bei Ursel und Walter hineinschaute. Wie immer, wurde ich auch jetzt herzlich von ihnen empfangen. Die beiden waren mir mittlerweile längst zu einer Art Ersatzeltern geworden. In meinem Inneren regte sich, glaube ich, zum ersten Male sogar etwas wie Liebe.

An jenem Nachmittag waren Ursel und Walter nicht allein. Als ich in ihr Wohnzimmer trat, saßen dort eine Dame und ein Herr mittleren Alters, die sich mit meinen beiden Freunden angeregt unterhielten.

»Rudi, darf ich dir vorstellen: Das sind Herr und Frau C., die Leiter der Gefangenenmission, über die wir uns kennengelernt haben.«

Ich war nicht wenig überrascht, weil mir die beiden von ihrem Äußeren her gar nicht so recht in eine solche Arbeit hineinzupassen schienen.

Der Umgang mit schweren Jungs erfordert doch wenigstens Zwei-Meter-Menschen, die zudem auch zwischen den Schultern nicht gerade schmal konzipiert sein sollten ... So jedenfalls war meine Vorstellung.

Herr C. war von kleiner, rundlicher Gestalt. In seiner trachtenähnlichen Kleidung glich er mir eher einem bedächtigen Revierförster als jemandem, der es sich zur Lebensaufgabe gemacht hatte, schwere Jungs auf die Pfade der Tugend zurückzuführen.

Von der sprichwörtlichen Bedächtigkeit eines Försters war bei Herrn C. allerdings nichts zu spüren. Er wirkte im Gegenteil unruhig, ja beinahe gehetzt. Besonders befremdend empfand ich sein betont salbungsvolles Vokabular. Es entstammte der in vielen christlichen Kreisen gepflegten »Sprache Kanaans«, die mich schon immer bös auf die Palme getrieben hat.

Anders wirkte dagegen Frau C. auf mich. Sie war zart, fast zerbrechlich. Ihre Stimme klang warm und herzlich. In ihren an mich gerichteten Worten schwang etwas Mütterliches. Sie redete in einer auch für mich verständlichen Sprache.

Es fiel mir nicht schwer zu merken, daß sie der eigentliche Motor der Gefangenenmission war. Sie war es dann auch, die mir den Vorschlag unterbreitete, gemeinsam mit ihnen nach Köln zu fahren. »Wenn du möchtest, Rudi, nehmen wir dich mit nach Köln. Dort haben wir einen hübschen Bauernhof ... Du bist weit ab von einem Leben im Milieu und kannst dort im Glauben stärker werden.«

He? ... Was um alles in der Welt sollte ich in Köln, von daher kam ich doch erst? Auf Köln hatte ich nun überhaupt kein Bock!

Obwohl ich bei nüchterner Betrachtung dieses Angebots augenblicklich hätte einwilligen müssen, sperrte sich alles in mir gegen so einen Wechsel. Doch wie interessant! Je mehr ich mich im Inneren dagegen wehrte, desto bewußter wurde mir, daß es hier im Grunde gar nicht so sehr um den Wechsel als solchen ging, sondern ganz schlicht um ein Entweder-Oder.

Das Leben im Milieu widerte mich zwar an – zugegeben. Aber war es mir letztlich nicht dennoch Heimat, vielleicht sogar liebgewonnene Heimat? Was hielt mich sonst am Milieu-Leben fest? War es vielleicht die Angst vor einem konsequenten Abbruch aller bisherigen alten Bindungen?

Klar war es das! Und weil mir dies mehr und mehr bewußt wurde, traf ich eine Entscheidung und machte mich daran, wieder einmal meine Klamotten zu packen. Obwohl mir in dieser Stunde nicht zum Jubeln war und mir Heere von Gedanken und Fragen durch den Kopf marschierten, spürte ich doch tief in mir jenen Frieden und jenes Geborgensein, von denen ich bisher nur vom Hörensagen wußte.

Ich hatte die Gewißheit, daß am Ende alles gut ausgehen würde.

Mein Auto ließ ich in Hamburg zurück. Das war ein Stück umgesetzter Konsequenz – denn einen Lappen, also Führerschein, besaß ich zu dieser Zeit immer noch nicht.

Es war später Abend, als wir in Fühlingen, einem kleinen Vorort von Köln, ankamen. Du liebe Zeit, dachte ich . . ., daß in diesem Kaff nicht noch die Bürgersteige hochgeklappt waren, war wirklich alles. Und in diesem Kuhdorf also sollte ich fortan leben? Wohl war mir nicht.

Kurz hinter dem Ortsausgang verließen wir die wohl einzige asphaltierte Straße und bogen in einen kleinen Feldweg ein. Nach nur wenigen Metern passierten wir eine größere Toreinfahrt und waren am Ziel.

Ich wollte es einfach nicht glauben! Entgegen meinen Erwartungen, jetzt von einer Horde Ex-Knackis in Empfang genommen zu werden, erschienen als einzige Bewohner des ganzen Bauernhofes lediglich eine junge Frau und ein etwa vierzig Jahre alter Mann.

Daß zur Vervollständigung unseres Quartetts noch ein kleines Mädchen gehörte, erfuhr ich erst am darauffolgenden Morgen – die kleine Dame schlief bei unserer Ankunft bereits.

Schön, soweit schien mir ja alles klar zu sein. Da war also ein junges Ehepaar mit dreijährigem Kind, das es sich zur Aufgabe gemacht hatte, in der Gemeinschaft mit entlassenen Häftlingen zu leben und ihnen bei ihrer Wiedereingliederung behilflich zu sein.

Aber wo waren all die zu betreuenden Haftentlassenen? Befanden sich die Jungs womöglich gerade auf einem Zug durch die Gemeinde?

Herr C. mußte mir meine Verwunderung angemerkt haben. Ich erfuhr in knappen Sätzen, daß es bis auf Barbara, ihre Tochter und Dieter keine weiteren Bewohner im Haus gab. Dieter war der Ex-Knacki und Barbara seine Betreuerin. Ich war sprachlos!

Nach einigen Stunden verabschiedeten sich Herr und Frau C. von uns. Eingedeckt mit einem Schwall sinnloser Aufmunterungsparolen – die allesamt fromm und wahllos von Bibelzitaten durchsetzt waren –, ließ Herr C. mich in der Eingangshalle des Hauses stehen und eilte flugs in die Nacht hinaus. Da stand ich nun wie bestellt und nicht abgeholt. Hätte ich in diesem Moment meinen fahrbaren Untersatz auf dem Hof gehabt, ich wäre stante pede nach Hamburg zurückgebrettert.

Es dauerte aber nur wenige Augenblicke, dann hatte ich mich innerlich wieder soweit aufgerappelt, daß ich den weiteren Dingen erst einmal äußerlich gelassen entgegensehen wollte.

Nach einem kurzen, verlegenen Anschweigen lud Barbara Dieter und mich auf einen Tee in die spärlich eingerichtete Wohnküche ein. Das verlegene Schweigen war bald gebrochen. In den Gesprächen, die bis zum frühen Morgen andauerten, erzählten mir Barbara und Dieter ihre Lebensgeschichten und wie sie zu Christus gefunden hatten.

Dieters Hintergrund glich in etwa meinem, nur daß bei ihm zu allem Überfluß noch eine Scheidung und ein längeres Pennerdasein hinzukam. Aber in Barbaras Vergangenheit sah es auch nicht wesentlich sonniger aus. Wenn sie auch Gefängnisse, ein Leben im Milieu und auf der Straße nur vom Hörensagen kannte, so hätte mich ihr früheres Leben doch bestimmt niemals zu einem Tausch animieren können.

Für mich war es im Blick auf meine Integration schon ein erhebliches Plus, es mit sogenannten Schicksalsgefährten zu tun zu haben und nicht mit irgendwelchen studierten Kopfgesteuerten, die heute allenthalben in ähnlichen sozialen Einrichtungen ihr Einmaleins an den Mann zu bringen versuchen.

Da Dieter wie ich Haftentlassener war, schöpfte ich Hoffnung und Vertrauen auch für meinen Werdegang. Wenn es ihm gelungen war, im Glauben Fuß zu fassen, warum nicht auch mir?

Erst im nachhinein kristallisierten sich bei ihm zunehmend Ungereimtheiten heraus, die es mir angeraten erscheinen ließen, auf Distanz zu gehen. Meiner Entwicklung im Glauben tat diese Erfahrung keinen Abbruch.

Erstaunt war ich allerdings, mit welcher Gelassenheit Barbara die Schläge ihres Lebens weggesteckt haben mußte. Ihre Haltung erinnerte mich fast ein bißchen an den Gleichmut eines Orientalen: Allah hat's so gewollt ...

Sie war gebürtige Schweizerin und mochte um die dreißig Jahre alt sein. Ihr spartanisch nach hinten gebundenes Haar und ihre nicht gerade zeitgemäße Garderobe ließen sie jedoch um Jahre älter erscheinen. Hinter dieser betont strengen Fassade verbarg sich aber eine ausgesprochen liebe und sanfte Person.

Interessant war mir an dieser Frau auch, mit welcher Liebe und Hingabe sie an Jesus Christus festhielt. Für sie hing der Glaube nicht nur davon ab, daß ihr Leben immer zufrieden und glücklich verlief. Ich wußte, daß sie von Demütigungen und Enttäuschungen nicht verschont geblieben war und trotzdem an Gott festgehalten hatte. Gerade das machte sie für mich so glaubwürdig!

Denn es war einfach, Gott auf den Höhen des Lebens dankbar zu sein. Leicht, ihn als den Herrn des eigenen Lebens zu bekennen, solange uns soziale Sicherheiten ein sorgenfreies Dasein gewährten.

In der mir immer noch verdächtigen Gemeinde- und Kirchenhierarchie, in der die Wertschätzung eines Menschen allzu oft nur von den Segnungen an irdischen

Gütern abzuhängen schien, hatte Barbara nicht viel zu melden.

Allerdings, wer sie in ihrer Einfachheit und Genügsamkeit kennenlernte, dem konnte nicht verborgen bleiben, daß sie Schätze besaß, die keine Inflation gefährden konnte.

Wo immer ich in den Dingen des Glaubens Unterstützung brauchte, konnte ich mich auf Barbara verlassen. Obwohl sie keine theologische Ausbildung vorzuweisen hatte – oder war es gerade deswegen? –, schlüsselte sie mir in verblüffender Weise die Dinge des Glaubens auf.

Lange war Pastor einer kleinen, evangelisch-freikirchlichen Pfingstgemeinde in Köln-Ehrenfeld. Als ich ihn am Morgen nach meiner Ankunft in Fühlingen zum ersten Mal sah, dachte ich, mir stünde ein kanadischer Holzfäller gegenüber. Das sollte ein Pastor sein? Anstelle des sonst üblichen Anzuges, gestärkten Hemdes und Kulturstricks hing er in einem verwaschenen, karierten Hemd, alter Baumwollhose und einer nicht gerade aprilfrischen Windjacke. Der Mann gefiel mir auf Anhieb!

Für mich war schnell ausgemacht, daß Pastor Lange weniger ein Mann der großen Worte, sondern der praktischen Taten war. Während es nicht wenige seiner Kollegen sichtlich vorzogen, bewaffnet mit Diplomatenköfferchen von einer Sitzung in die nächste zu eilen, eilte Lange vorzugsweise zu den Brand- und Krisenherden menschlichen Leides.

Mit dem Hof in Köln-Fühlingen hatte er im Grunde genommen überhaupt nichts zu tun. Aber was machte ihm das schon … Er wollte helfen, und das tat er auch.

Lange war nicht nur für Barbara eine äußerst wertvolle Stütze. Dank seines unermüdlichen Engagements konnte ich schon bald eine Arbeit aufnehmen und zum Unterhalt des Hofes beisteuern. Und das war angesichts des knauserigen Budgets auch dringend erforderlich!

Okay, das tägliche Verpacken von irgendwelchen Tapeten war nicht unbedingt das Gelbe vom Ei, aber darum ging es ja auch gar nicht. Wichtig war mir vielmehr, mich beim regelmäßigen Arbeiten in Eigenständigkeit und Verantwortung zu üben. Da ich die Arbeit weder erfunden noch ihr von Haus aus sonderlich zugetan war, war dies für mich ein wertvoller Lernprozeß.

Wölfe im Schafspelz

Die Zeit verging wie im Fluge. Und je länger ich auf dem Hof blieb, desto fester wuchs er mir ans Herz. Hätte man mir noch Monate zuvor prophezeit, daß ich einmal ehrlich und regelmäßig arbeiten gehen würde – und das allen Ernstes auch noch mit Freuden –, ich hätte mich über solch einen Schwachsinn mit Sicherheit köstlich amüsiert. Aber so war es. Was ich nie zuvor für möglich gehalten hatte, das war für mich jetzt das Normalste von der Welt.

Mehr noch: Ich war frei von jedem drängenden, quälenden Verlangen, Unrecht zu verüben. Das Reizen und Lokken des Bösen klang zwar nach, aber es erreichte mich nicht mehr. Und wo mich vorher Dunkel umhüllte, umgab mich jetzt eine wohltuende Helligkeit. Mir war, als hätte ich zu einem neuen Leben gefunden.

Dann kam der Tag, an dem sich der Himmel über unserem Hof verdunkelte.

Eigentlich hatte ich schon längere Zeit geahnt, daß irgend etwas im Busch sein mußte. Irgendwie herrschte dikke Luft, wie man so schön sagt. Barbara wirkte in der letzten Zeit immer häufiger geknickt und niedergeschlagen. Zwar bemühte sie sich nach allen Regeln der Kunst, Dieter und mich vor jeglicher Mißstimmung abzuschirmen, aber das ging natürlich nicht lange gut. Schließlich hatte unsereins ja gerade für dicke Luft eine hochsensible Antenne.

Der erste Knall und damit Auftakt zu einem traurigen Szenario erfolgte an einem Freitagmorgen.

Es war ein Freitag wie jeder andere auch. Okay, daß

dicke Luft herrschte, wußte mittlerweile selbst unser Kater auf dem Scheunendach. Anstalten, sich deswegen gleich in die Tiefe zu stürzen, machte er allerdings nicht. Und nicht viel anders war es um unsere Gelassenheit auch bestellt. Außerdem lag ja das Wochenende vor der Tür – und das wollten wir uns nach einer harten Woche nicht vermiesen lassen.

Es wurde uns aber vermiest. Und das nicht zu knapp!

Freitags hatte ich beizeiten Feierabend und freute mich auf ein tapetenfreies Wochenende. Ich konnte diese lächerlich buntbedruckten Papierrollen nicht mehr sehen!

Als ich in den Hof einbog, standen dort Barbara, Dieter und Pastor Lange und plauderten miteinander. Ich ging auf sie zu, um Lange zu begrüßen. Ihre Unterhaltung verstummte schlagartig. Ich sah den schweigenden Mienen der drei an, daß sich in meiner Anwesenheit etwas Unerfreuliches zugetragen haben mußte. Nach einigem Herumdrucksen fing Barbara an und schilderte mir brühwarm, was sich am Morgen zugetragen hatte.

»Wir müssen den Hof verlassen, Rudi.«

Ich starrte sie ungläubig an. Erst jetzt bemerkte ich ihre vom Weinen geröteten Augen.

»Was müssen wir?« fragte ich zurück. »Wir sollen den Hof verlassen?«

Hatte Barbara plötzlich einen Sprachfehler, oder hatte ich mich nur verhört? Weder noch. Ich hatte richtig gehört! Wir sollten den Bauernhof räumen.

Gegen zehn Uhr früh war Herr C. auf dem Hof aufgetaucht und hatte Barbara mitgeteilt, daß der Hof umgehend zu räumen sei. Pastor Lange, der das von C. inszenierte Spektakel miterlebt hatte und von diesem wissen wollte, wo wir denn bleiben sollten, bekam daraufhin lediglich zu hören, daß bei einer Weigerung, den Hof zu verlassen, die Polizei gerufen würde.

Pastor Lange kämpfte mit den Tränen, als er schilderte, daß Herr C. sich wie »ein Verrückter« benommen und den halben Hof zusammengeschrien habe.

Das drohende Grollen hatte sich also über unseren Köpfen entladen. Nun wußte jeder von uns, was Sache war.

Was dagegen niemand von uns wußte, war der Grund für diese dubiose Entscheidung. Allerdings, meine Freude über das bevorstehende Wochenende war nach dieser Hiobsbotschaft sowieso im Eimer.

An diesem Nachmittag ging so manches – was bei mir wie »frisch angepflanzt« und im Begriff des Wachsens stand – bös den Bach hinunter. Ich war einfach noch zu jung im Glauben, um mit solchen Schlägen aus den eigenen Reihen fertigzuwerden. (Heute habe ich nicht nur ein dickes Fell, sondern längst begriffen, daß auch in unseren Kirchen und Gemeinden nicht mit Weihwasser gekocht wird. Nichts und niemand auf dieser Welt ist vollkommen!)

Die Entscheidung, daß wir unsere Wohnung aufgeben sollten, traf mich wie ein Keulenschlag. Wie sollte es weitergehen? Wo sollten Dieter und ich hin? Was würde zudem aus meinem Arbeitsplatz werden, wenn ich plötzlich auf der Straße lag?

Sollte ich jetzt etwa meinem Chef das Ohr abkauen, ihn mit meiner drohenden Notlage vollabern und um Hilfe anbaggern? Mann, bei meinen Papieren, die ich in der Tasche trug, konnte ich doch heilfroh sein, überhaupt seine Tapeten verpacken zu dürfen. Um was mehr hätte ich den Alten denn noch anhauen sollen? Ich war ratlos.

Schlimmer allerdings als die Angst vor einem etwaigen Verlust meiner Bleibe und meines Jobs quälte mich der Gedanke, eventuell meinen neuen, noch lange nicht gefestigten Glauben zu verlieren. Bloß nicht wieder zurück ins Milieu und damit zur Kriminalität!

Gut ein halbes Jahr lag nun seit meiner Umkehr (»Bekehrung« genannt) hinter mir. Meine Entscheidung für Christus war aufrichtig. Und ebenso aufrichtig war mein Bemühen darum, dem Willen Gottes bis in die letzten Winkel meines »Reservats« Geltung einzuräumen. Von vielen, aber noch nicht von allen Lasten, die mich unweigerlich in den Abgrund gezerrt hätten, war ich befreit. Ich hatte an mir selbst erleben dürfen, wie sehr Gott ein Leben zu verändern imstande ist, das im Grunde schon lange als »hoffnungslos«, »versaut«, »kriminell« und »durchtrieben« abgeschrieben war.

Die kleine Gemeinschaft in Fühlingen war mir zum eigentlichen Beginn meiner Glaubensstrecke geworden. Sollte sie nun auch zum vorzeitigen Ende werden?

Gut, meine Erfahrungen mit Christus konnte mir niemand mehr nehmen. Aber würden sie sich jetzt als tragfähig genug erweisen, daß ich den drohenden Widerwärtigkeiten standhaft würde trotzen können? Allzu sicher war ich mir dabei nicht.

Es war nämlich keineswegs so, daß ich gegen die Attakken meines Alltags schutzgeimpft und also immun war. Was es hieß, immer wieder angegangen zu werden, war mir geläufiger, als es mir beliebte. Nicht zu vergessen auch all jene Auseinandersetzungen, die mir die Überbleibsel meiner Vergangenheit immer noch bescherten. Von wegen »Du mußt dich nur erst bekehren, dann . . .« Es ist ratsam, die Kirche im Dorf zu lassen!

Später habe ich so manche Christen kennengelernt, deren Realitätsbewußtsein wohl einer selbstinszenierten Entrückung zum Opfer gefallen war. Sie wußten nichts über die geistlichen Stellungskämpfe eines Neulings, der vor seiner Bekehrung tief im Dreck gesteckt hatte.

Die folgenden Tage auf unserem Bauernhof in Fühlingen waren alles andere als geruhsam! Sämtliche Versuche, Herrn C. umzustimmen und damit von seiner eigenartigen Entscheidung abzubringen, blieben erfolglos. Ebenso erfolglos waren auch unsere Bemühungen, anderweitig Unterschlupf zu finden. Die Zeit hing uns dabei erbarmungslos im Nacken!

Am schlimmsten war aber noch das nahezu tägliche Aufkreuzen von Herrn C. Unsere Stimmung war mittlerweile auf dem Gefrierpunkt angelangt. C. verbreitete eine unglaubliche Kälte.

Barbara, auf die er es offensichtlich ganz besonders abgesehen hatte und die zur Zielscheibe seiner unmöglichen

Attacken wurde, tat mir im Herzen leid. Wie konnte jemand, der sich Christ nannte, zudem einem christlichen Hilfswerk vorstand, so mit einem Menschen herumspringen, der sich so für die Belange anderer aufgeopfert hatte?

Ich konnte den Konflikt nicht mit der christlichen Nächstenliebe vereinbaren und hatte demzufolge zunehmend Mühe, mich herauszuhalten. Endgültig voll aber wurde mir das Maß, als wenige Tage später in einer Nacht-und-Nebel-Aktion auch noch der Sohn von Herrn C. auftauchte. Zusammen mit einem Helfershelfer. Ziel ihrer nächtlichen Aufwartung war selbstverständlich Barbara.

An diesem Abend wäre es dann um Haaresbreite geschehen ... Nach Monaten innerer Ruhe begann es zum ersten Mal wieder gefährlich in mir zu brodeln. Im Schutz der Dunkelheit lauerte ich den beiden auf. Viel hätte in dieser Nacht wahrhaftig nicht mehr gefehlt, und ich hätte die beiden Hänflinge fürchterlich plattgemacht.

Für mich als Anfänger im Glauben war das einfach zuviel, was man sich Barbara gegenüber herausnahm.

Der eigentliche Hammer kam jedoch noch!

Es war an einem Sonnabendvormittag, etwa drei Wochen nach Beginn des Konfliktes. Wieder einmal kam Herr C. bei uns angerauscht. Aber es war ein Wunder geschehen: Der Mann war kaum wiederzuerkennen! Er schien wie umgekrempelt. Kannte ich ihn bisher nur als den Gehetzten, den ruhelos Umhergetriebenen, so strahlte er jetzt förmlich vor Gelassenheit. Was war los mit ihm? Versuchte er es nun auf die väterliche Tour, um uns zum Abzug zu bewegen? Ich war mißtrauisch.

Bisher war es immer Barbara allein, die C. nach seiner Ankunft ins Gebet zu nehmen pflegte, um ihr dann gehörig einzuheizen. Diesmal widmete er sich auch uns, genaugenommen mir. Strahlend und mit dem schneidenden Charme einer Motorsäge kam er auf mich zugesteuert und verkündete mir, daß es ihm gelungen sei, bei einer »lieben Christin« ein Zimmer zu ergattern. »Wir können gleich aufbrechen. Ich habe vorhin noch mit der Schwester telefoniert, sie erwartet uns für heute.«

Mir blieb erst einmal die Spucke weg! Ich sollte also wieder einmal meine Zelte abbrechen und mich ins Unbekannte aufmachen? Sollte das leidige Hin und Her in meinem Leben niemals aufhören? Wo um alles in der Welt war das bißchen Platz, das ich endlich mein Zuhause nennen durfte?

Wieder spürte ich den frostigen Zugriff der aufkommenden Verzweiflung. Mir langte dieses elende Hin-und-Hergeschoben-Werden. Jetzt, wo ich mich halbwegs in mein neues Umfeld eingelebt hatte und mir meine Entwicklung erstmals Anlaß zur Hoffnung gab, sollte ich praktisch alles wieder in die Ecke klatschen und irgendwo – sehr ungewiß – von neuem beginnen ...

Aber was hätte ich anderes machen sollen? Mich weigern, den Aufstand proben, Herrn C. mal ein bißchen zur Brust nehmen? Zugegeben, ganz so lustlos stand ich dieser Erwägung nicht gegenüber, aber der gute Mann hätte immerhin mein Vater sein können ...

Außerdem – hieß es jetzt nicht auch weiter, Gott zu vertrauen?

Wenn das der Preis war, um im Glauben zu wachsen und neue Erfahrungen zu machen, dann wollte ich mich fügen und keinen Rückzieher machen.

Von Barbara ermutigt, auch diesen Umstand aus Gottes Hand zu nehmen, packte ich meinen Kram und begab mich auf eine neuerliche Reise ins Ungewisse.

Unser Weg führte uns Richtung Hanau. Während der Fahrt versuchte ich mir vorzustellen, wie wohl mein neues Zuhause aussehen würde. Ich versuchte auch krampfhaft, mir ein Bild von der unbekannten »lieben Christin« zu machen: War sie wie Barbara?

Im stillen bat ich Gott darum, mein Herz mit Ruhe auszufüllen.

Na ja, zur Ruhe kam ich zwar nicht, aber in mir wuchs wieder die Gewißheit, auch auf dieser Reise nicht allein zu sein.

Es war gegen Nachmittag, als wir in einem kleinen Vorort von Hanau endlich unser Ziel erreichten. Ein schöner Ort. Die Straße, in der wir anhielten, wurde links und rechts von prächtigen Häusern und wunderschönen Gärten gesäumt. Der Schleier meiner Bedrückung wich allmählich, und ich begann wieder zu hoffen. War das gepflegte Äußere dieser Gegend vielleicht Spiegelbild der Wohlgesonnenheit und Fürsorge ihrer Bewohner für einen Menschen wie mich?

Zielstrebig marschierte Herr C. auf ein Mehrfamilienhaus zu. Ich hinter ihm her. Der Mann schien sich hier auszukennen. Nachdem er kurz einen der vielen messingfarbenen Klingelknöpfe gedrückt hatte, öffnete sich die imposante Haustür, die nicht gerade billige Mieten in diesem Haus vermuten ließ. Vor uns stand eine ältere, sehr gepflegt aussehende Dame. Ihr Gesicht war weich und hatte milde Züge.

Plötzlich stutzte ich. Die Begrüßung der beiden sah mir nicht nach einer vorangegangenen telefonischen Vereinbarung aus. Wen immer die gute Frau an diesem herrlichen Sonnabendnachmittag zu sich bestellt haben mochte, uns hatte sie jedenfalls nicht erwartet; das checkte ich sofort. Ich war ausgeschlafen genug, um den Unterschied zwischen einer Erwartungshaltung und einem gegenteiligen Überraschtsein zu erkennen.

Unser unverhofftes, nie zuvor vereinbartes Treffen war nichts anderes als ein eiskalter Überfall!

Mir war das furchtbar peinlich. Am liebsten wäre ich auf den Hacken umgekehrt und abgehauen. Doch wohin? Was für ein Glück, daß die Frau allem Anschein nach über ein robustes Herz und Nervenkostüm verfügte. Die eigentliche Überraschung stand nämlich noch aus.

»Na, dann kommen Sie doch erst einmal hoch . . .«, bat sie uns, immer noch sichtlich um ihre Fassung ringend. »Ich mache Ihnen erst einmal einen Kaffee.«

Dort saß schon ein älterer, ziemlich ungepflegter Typ . . . doch nicht etwa ihr Ehegatte? Nein. Es war nicht der Gatte unserer Gastgeberin wider Willen, sondern ein ehemaliger Knacki, der zu Besuch bei ihr weilte. Herrn C. war der Ex-Knacki nicht unbekannt. Wärmstens – und nicht ohne Stolz – wurde er mir von ihm als »nachahmungswürdiges Vorbild« vorgestellt. Es sollte ihm tatsächlich gelungen sein, »mit Gottes Hilfe« von der Qualmerei zu lassen. Wie schön für den guten Mann, dachte ich im stillen.

Mittlerweile war der Kaffee fertig und durchzog die behagliche Stube mit wohlriechendem Duft. Ich hatte in einem bequemen Sessel Platz genommen. Durstig nach einem Becher Kaffee, wartete ich nun gespannt darauf, wie Herr C. sein eigentliches Anliegen vortragen würde. Nervös lief er auf und ab. Die Situation war für mein Empfinden unmöglich.

»Wollen Sie sich denn gar nicht hinsetzen, Herr C.?« fragte unsere Gastgeberin irritiert.

»Hmm ... äh ... eigentlich wollte ich Ihnen nur diesen jungen Mann, äh ... Sie bitten, diesen jungen Mann vorübergehend aufzunehmen ...«

»Aber Herr C.!« fiel ihm die Frau entsetzt ins Wort. »Wie haben Sie sich das vorgestellt? Das ist unmöglich! Wo soll ich den jungen Mann denn unterbringen?«

Herr C. machte den Eindruck eines in die Enge getriebenen Tieres. »Ja ... äh ... ich müßte jetzt aber doch dringlichst los ... Sie verstehen ... äh ... Der Herr segne Sie, Schwester.«

Unglaublich. Aber so war es! Ohne auch nur ein weiteres Wort zu verlieren oder sich um die hervorgestammelten Einwände der Überfallenen zu scheren, marschierte Herr C., so emotionslos wie ein Abrißunternehmer, zur Tür und ward nicht mehr gesehen.

Den Segen des Herrn hatte die arme Frau jetzt wahrhaftig bitter nötig.

Ich war nie zartbesaitet. Aber so was von Abgebrühtheit war mir bis dahin noch nicht untergekommen.

Die Überfallene war den Tränen nahe. Es war erbärmlich. Ich kam mir in diesem Augenblick vor wie ein Parasit. Felsenfest hatte ich mir vorgenommen, in dieser neuen Situation Glauben zu behalten, vielleicht sogar ein Vorbild zu sein. Doch was wurde ich bereits in der ersten Stunde meiner Ankunft? Ein Problem!

Herr C. war längst über alle Berge. Er war aus allem Schlamassel fein heraus! Sollte die »Olle« doch selbst zusehen, wie sie mit dieser Angelegenheit fertig wurde.

Übrigens: Herr C. war noch keine drei Minuten aus dem Haus, als sich mein »nachahmungswürdiges Vorbild«, sichtlich erleichtert über sein Verschwinden, gierig einen Lungen-Torpedo ins Gesicht schob und genußvoll vor sich hinqualmte.

Wie gerne hätte ich der alten Dame geholfen oder sie getröstet, aber wie? Ich konnte sie so gut verstehen.

Da kreuzt an einem Wochenende ganz selbstverständlich, ohne vorherige Anmeldung, jemand mit einem Obdachlosen im Schlepptau auf. Vielleicht wollte sie das Wochenende dazu nutzen, längst fällige Besuche zu machen. Und da klingelt es plötzlich an ihrer Tür ...

Ich weiß, grundsätzlich dürfte es kein allzu großes Problem sein, mit derartigen Überraschungen fertigzuwerden. Schließlich hat der Maurer ein Loch in der Wand gelassen ... Aber ein Christ ist nun mal an das Gebot seines Herrn gebunden. »Wer ohne Obdach ist, den führt ins Haus.« Noch dazu einen in Not geratenen Glaubensgenossen. Gar nicht so einfach, nicht wahr?

Während sich die Frau das Gehirn über meinen weiteren Verbleib zermarterte, saß ich wie eingefallen in meinem Sessel und schlürfte schuldbewußt an ihrem Kaffee herum. Er schmeckte mir nicht mehr. Warum tat sich in diesem unerträglichen Augenblick nicht der Boden unter meinen Füßen auf? Ich wünschte nichts sehnlicher!

Gegen Abend schien sich mit einem Male der rettende Ausweg aufzutun: Keine zehn Minuten von ihrer Wohnung entfernt wohnte ihr Sohn, aber der befand sich gerade auf einer Reise. Mit seiner Rückkehr wurde jeden Tag gerechnet. Da er auf seinem Trip aber nicht zu erreichen war, konnte ihn niemand früh genug auf den ungebetenen

Gast in seiner Wohnung vorbereiten. Aber ich sollte erst einmal bei ihm einziehen!

Besonders glücklich war meine Gastgeberin über diese Lösung aber nicht. »Weißt du«, sagte sie, »mein Sohn steht dem christlichen Glauben sehr skeptisch gegenüber. Daß ich dich ohne sein Wissen in seine Wohnung lasse, wird für mich Schwierigkeiten nach sich ziehen.«

O Mann, was war das bloß für eine verkorkste Situation! Nicht genug damit, daß ich dieser Mutter ohne jede Vorwarnung vor die Tür gelegt wurde; nein, jetzt riskierte sie auch noch Theater mit dem eigenen Sohn. Und das alles meinetwegen. Es war echt ein Drama!

Draußen dunkelte es bereits, als sich meine Gastgeberin etwas widerwillig mit mir aufmachte. Die kurze Strecke zur Wohnung ihres Sohnes war im Nu genommen. Nachdem ich noch kurz von ihr eingewiesen wurde, wo sich was befand, Küche, Bad und so, ging sie wieder.

Ich war allein. Allein in einer Wohnung, die mir nicht gehörte und in der mich niemand willkommen geheißen hatte; schon gar nicht ihr rechtmäßiger Bewohner.

Es war grotesk! Obwohl ich allein war, blieb ich wie angewurzelt in dem kleinen Flur stehen, unfähig, mich von der Stelle zu rühren.

Was um alles in der Welt würde geschehen, wenn der Sohn nun doch noch an diesem Abend zurückkehrte? Wie würde er auf meinen Besuch reagieren? Womöglich losbrüllen und mich unverzüglich an die frische Luft setzen? Oder durfte ich damit rechnen, als Bittsteller für eine Nacht geduldet zu werden, um dann am nächsten Morgen rauszufliegen? Ich fühlte mich entsetzlich elend.

Nach einer ganzen Weile ging ich dann doch zögernd ins Wohnzimmer. Es war warm und geschmackvoll eingerichtet. Nahe der breiten Fensterfront fand ich einen geeigneten Platz und packte mich müde und wie zerschlagen auf den Boden.

Die Courage, mich unter derartigen Umständen auch noch auf die Couch zu pflanzen, hatte ich nicht.

Vielleicht, so dachte ich, würde er es ja gerade noch akzeptieren, mich wenigstens für die eine Nacht dort unten ruhen zu lassen.

Aber aus der ersehnten Ruhe wurde nichts. Ich lauschte wie gebannt auf jedes Geräusch; registrierte und interpretierte es. Hielt da nicht soeben ein Wagen vor der Tür? Meine Gedanken waren unerbittlich. Wie Blitze durchzuckten sie mein Gehirn und hielten mich wach. Konnte ich es wirklich vertreten, daß die alte Mutter eventuell meinetwegen Krach bekam? Hatte sie nicht schon seit der Stunde unseres Überfalls genügend Scherereien am Hals?

Der Gedanke daran wurde mir zunehmend unerträglich. Wie hätte ich in der Lage dieses Mannes reagiert? Wäre ein Hinauswurf nicht mehr als verständlich gewesen? Ich denke doch!

Man stelle sich vor: Du kommst von einer anstrengenden Reise wie geschlaucht nach Hause, hast womöglich Stunden hinter dem Lenkrad gehangen und jetzt nur noch den einen Wunsch, dich gleich ins Bett zu packen. Da triffst du aus heiterem Himmel und ohne jede Vorwarnung in deinen vier Wänden auf einen Fremden. Wie würdest du dich in solch einem Moment wohl fühlen? Würden dir nicht sämtliche Gesichtszüge entgleisen? Auch als Christ?!

Kurz nach Mitternacht hielt ich es nicht mehr länger aus. Es war mir zu nervenaufreibend, wie ein Köter auf dem Boden zu liegen, der bei jedem verdächtigen Geräusch seine Horchlappen auf Empfang stellt. Ich rief die Mutter des Wohnungsinhabers an und teilte ihr meinen Entschluß mit, die Bude wieder zu räumen.

Hatte ich richtig gehört? Irgendwie schien es mir, als hätte es am anderen Ende der Strippe »Plumps« gemacht. Ich merkte, daß die gute Frau erleichtert war.

Dann klingelte ich Barbara in Köln-Fühlingen aus dem Bett. Fassungslos hörte sie meinen Bericht über die vergangenen Stunden an und bat mich daraufhin, sofort nach Köln zurückzukommen. Nun war auch ich erleichtert!

Obwohl müde und kaputt, schnappte ich mir voller

Elan meine Tasche und eilte in die Nacht. Ich fühlte mich fast wie nach einer Haftentlassung.

Draußen empfing mich die wohltuende Wärme einer herrlichen Spätsommernacht. In der milden Luft lag der süßliche Duft unzähliger Blumen ...

Tief durchatmend, als ginge es darum, noch einmal alle Reserven zu aktivieren, hielt ich noch eine Weile vor dem Haus inne. Dann setzte ich mich in Marsch.

Ich mußte schon eine ganze Zeitlang gegangen sein, als mir plötzlich zu dämmern begann, daß ich ohne jede Orientierung war. Es war fast ein wenig gespenstisch! Ortsfremd, ohne zu wissen wohin, irrte ich durch die menschenleeren Straßen und Gassen, vorbei an dunklen Häusern. Nur vereinzelt war hier und da noch der warme Lichtschein eines erhellten Fensters zu sehen. Die Stille des Schlafs hüllte den kleinen, mir unbekannten Ort in friedliches Schweigen.

Gedanken an meine Kindheit wurden plötzlich wach ... Es müssen wohl die erleuchteten Fenster gewesen sein, die mir für Augenblicke wieder das Dunkel meiner Heimatlosigkeit ins Bewußtsein hoben.

Wo war eigentlich mein Freund und Helfer Jesus? fragte ich mich leicht frustriert. Hatte er Feierabend gemacht? Oder sich wie nach einem anstrengenden Tag resigniert über die vergangenen Ereignisse von mir zurückgezogen?

Er ließ mir doch durch sein Wort sagen, daß es müßig und vergeblich sei, »sich um das Morgen zu sorgen«. Wußte er, noch ehe die Ereignisse zu Gedanken und meine Gedanken zu Worten formuliert waren, was ich brauchte? Sollte ich ihm in meiner jetzigen Notlage, im Dunkel der Nacht herumirrend, weniger wert sein als die Vögel am Himmel und die Blumen auf dem Feld, die er aus seiner Fürsorge doch niemals ausschloß? Ich wußte nicht mehr, ob ich Jesus noch vertraute.

Der anbrechende Tag versprach schön zu werden. Golden schimmerte der Horizont, als ich endlich einen Bahnhof erreichte.

Wenig später ging es über Frankfurt zurück nach Köln.

Als ich nach einer ätzenden Bahnfahrt gegen Nachmittag auf den Hof in Fühlingen zurückkehrte, hatte ich den Eindruck, mich nur noch auf dem Zahnfleisch zu bewegen. Die Strapazen der ungewollten Nachtwanderung hatten mich doch ganz schön geschlaucht!

Die Wiedersehensfreude mit Barbara war groß, währte aber nur kurze Zeit. Überschattet wurde sie von der Nachricht, daß Dieter »gefallen« sei. Frustriert und an den unmöglichen Zuständen verzweifelnd, setzte er sich noch am Tag meiner Abreise gen Hanau wieder ins Milieu ab. Tage später scheiterte er dort und landete wieder im Knast! Ich kochte vor Wut und Enttäuschung.

An Auseinandersetzungen hatte ich mich mittlerweile gewöhnt. Ich wußte sie mehr und mehr einzuordnen und mit ihnen umzugehen.

Völlig neu waren mir dagegen erstmals aufkommende Zweifel. Es waren Zweifel an der Autorität Gottes! War er nicht fähig oder willens, so fragte ich mich, einen Herrn C. in seinen unheilvollen Aktivitäten zu bremsen? Mußte ich es als Gottes Willen anerkennen, dem Milieu entrissen worden zu sein, um nun hier vor die Hunde zu gehen? Hätte es zu diesem Zweck für Dieter und mich wirklich erst eines neuen Anfangs bedurft?

Ich geriet furchtbar ins Schleudern! Was sollte der ganze Müll?

Vollends bedient war ich, als knapp eine Woche nach meiner Rückkehr Herr C. wieder aus der Versenkung auftauchte.

Ich weiß heute nicht mehr, was mich damals davon abhielt, ihm auf den Pelz zu rücken. Es muß wohl der Respekt vor dem Alter gewesen sein. Vielleicht war es aber auch die Gnade Gottes ...

In der darauffolgenden Woche, nur vierzehn Tage nach meiner Rückkehr aus Hanau, war dann endgültig Schluß. Barbara wurde von Herrn C.s Sohn und einem mitgeschleppten Helfershelfer mit Sack und Pack zurück in die Schweiz verfrachtet.

Dieter saß wieder irgendwo im Knast, und ich landete auf der Straße. Von Herrn C. weit und breit keine Spur mehr!

Langsam neigte sich der Tag seinem Ende entgegen, als auf unserem Hof in Köln-Fühlingen das Licht ausging.

Über mein Leben brach neu die Nacht herein.

Das war's dann wohl ... Wenige Monate zuvor war ich mit einem Schwall salbungsvoller Sprüche von Hamburg nach Köln gelotst worden. Jetzt fand ich mich auf der Straße wieder. Ohne Obdach! Ein wahrlich »herrliches« Erlebnis, das mich innerlich zu zerreißen drohte.

Von den »Aposteln der Nächstenliebe« weit und breit keine Spur.

Um so verläßlicher war mir die Gegenseite zur Stelle: »Na, Fietzke, wo ist denn dein Freund und Helfer, Jesus? Wo dein Gott? Glaubst du immer noch an diesen frommen Schwachsinn? Mensch, Junge, sag dem ganzen Ramsch ab und fahr wieder deinen eigenen Film.«

Der Dialog, der in meinem Inneren entbrannte, ließ nichts zu wünschen übrig.

Meine lange Erfahrung *ohne* Jesus wirkte sich nachhaltiger aus als die kurze *mit* ihm.

Hatte ich doch aufs falsche Pferd gesetzt? Waren alle zurückliegenden Erfahrungen des Glaubens, die ich als sicheres Zeichen der Anwesenheit Gottes ansah, nicht doch bloß die ersten Anzeichen einer »frommen« Kollektivneurose, die nur im Rahmen permanenter Beweihräucherung befreiend wirkte?

Nein. Meine Umkehr lag in Christus begründet! Zu ihm hatte ich mich gewandt. Er war der Urheber meiner Erfahrungen im Glauben. Obwohl mir das als gesichert galt, ich ihm daher auch für alles Zukünftige zu vertrauen versuchte, drängte alles in mir zum Absprung ins alte Leben. Überhaupt hatte mir das Auf-dem-Sprung-Liegen immer näher gelegen als das Ausharren. Gott weiß es.

Bei Gott ist kein Ding unmöglich

Das Trauma meiner Talfahrt begann mit meiner neuen Unterkunft. Einer fürchterlichen Bretterbude in einem Schrebergarten, nicht weit von Köln-Nippes entfernt.

Lausige sieben bis zehn Quadratmeter groß, kalt, feucht und unsäglich muffig, diente sie mir in der ersten Zeit nach dem Rausschmiß aus Fühlingen als Quartier. Außen wie innen glich der Schuppen einem überdachten Sperrmüllhaufen. Zum Schlafen stand mir ein couchähnliches Unikum von etwa 1 Meter 20 zur Verfügung – was im Prinzip nicht weiter tragisch gewesen wäre, wenn ich nicht erst bei über 1 Meter 80 aufgehört hätte zu wachsen. Mein Pech.

Die Nächte auf dem durchgerittenen Ding waren eine Tortur. Die bloße Erinnerung daran verursacht mir heute noch Gliederzerrungen. Unerträglich – aber zur Ausstattung passend – war auch das Fehlen sanitärer Einrichtungen. Es gab weder eine Toilette noch eine Waschgelegenheit!

Ich schäme mich fast schon ein bißchen, nun noch die Banalität fehlender Elektrizität zu erwähnen. Denn das war wirklich nicht weiter dramatisch. Wozu gab's schließlich stinkende, qualmende Petroleumfunzeln!

Damit ich wegen der unmöglichen Zustände nicht irre wurde oder wie in der Steinzeit leben mußte, bot mir Pastor Lange an, mich bei ihm wenigstens zu waschen. So dreckig ging's mir noch nie!

Pastor Lange wohnte zusammen mit seiner Familie in einer Etagenwohnung etwa zehn Minuten von meiner Notbehausung entfernt. Der Schuppen gehörte ihm. Er war jetzt der einzige, der mir noch so halbwegs zur Seite stand und sich mehr oder weniger bemühte, mir mein Los etwas erträglicher zu machen. Aber was half's ... ich hätte ein totaler Phlegmatiker sein müssen, hätte ich auf diese Verhältnisse anders als mit Unzufriedenheit und Zorn reagiert.

Wie gerädert und ständig völlig durchgefroren, mühte ich mich Morgen für Morgen von meinem Nachtlager hoch. Nachdem ich mir meine feuchten und stinkigen Klamotten übergeworfen hatte, schlich ich wie ein räudiger Straßenköter durch den grauen Morgen rüber zu Pastor Lange. Von dort ging's nach einem kurzen Frühstück weiter zur Arbeit.

Nach Feierabend erfolgte diese leidige Prozedur in umgekehrter Reihenfolge. Allerdings war sie mit einer zusätzlichen Unannehmlichkeit verbunden: Konnte ich nämlich am frühen Morgen sicher sein, die Familie anzutreffen und reingelassen zu werden, so stand ich am Nachmittag öfters vor verschlossenen Türen. Ich kam mir vor wie ein Penner, wie ein Aussätziger ...

Natürlich konnte ich nicht verlangen, daß ständig jemand meinetwegen zu Hause blieb. Die Warterei an sich war auch nicht mal das eigentliche Übel. Schlimmer waren die »lieben« Mitbewohner im Hause der Familie. Lauernd wie die Aasgeier, postierten sie sich hinter halbgeschlossenen Gardinen ...

»Was suchen Sie eigentlich hier? Machen Sie gefälligst, daß Sie verschwinden, sonst rufen wir die Polizei«, bekam ich zu hören.

Ich weiß nicht, was an mir die Menschen derart in Panik versetzte. Vielleicht war es die Angst um ihre zum Trocknen aufgehängte Wäsche. Vielleicht auch die Angst um all die verrotteten Velos, die überall in den Büschen und auf den Wiesen herumlagen: Als ob ich mich jemals für Müll interessiert hätte ...

Je länger meine mißliche Lage anhielt, desto mehr haderte ich mit Gott und meinem Schicksal.

Mich plagten weniger die Zweifel daran, ob es Gott gab oder nicht. Das war nicht mein Problem. Darin hatte ich eine Gewißheit, die mir auch meine miesen Umstände nicht streitig machen konnten. Mich bedrängte mehr die Frage: Was sollte es für einen Sinn machen, schon in den Anfängen meines zaghaften Glaubenslebens mit Unannehmlichkeiten konfrontiert zu werden, die so wenig Rückschlüsse auf die »Herrlichkeit« Gottes zuließen? Genau an diesem

Punkt setzte meine Abkehr von Gott und mein erneutes Scheitern an.

Mein Fehler war, daß ich aus meiner jetzigen Situation auf das Wesen Gottes schloß. Ein tragischer Fehler!

Überhaupt nicht hilfreich, dafür aber um so abstoßender nahm sich für mich die Flut wohlgemeinter Durchhalteparolen aus. Anscheinend gehörten in manchen christlichen Kreisen Parolen dazu wie anderswo das kumpelhafte Schulterklopfen. Leger und unbedingt unverbindlich: »Gott segne dich, Rudi!« »Der Herr sei mit dir, Rudi!« »Gott wird's schon machen, Rudi!« Und und und ... Echt grausam!

Mir hingen diese frommen, nichtssagenden Worthülsen zuletzt zum Hals heraus! Breitgefächert wie die Geschoßsalven einer verrücktspielenden Stalinorgel flogen mir die »besten Segenswünsche« um die Ohren ... Wahl- und ziellos abgefeuert auf jeden, der irgend in der Klemme zu hängen schien.

Verstehen wir uns bitte richtig: Mir ist es nie ein Bedürfnis gewesen, von meinen Glaubensgenossen auf den Schoß genommen und wie ein Säugling bemuttert zu werden. Streicheleinheiten als Ersatz für praktische Hilfe nützen wenig. Entscheidend bleibt doch wohl, daß bei Christen Wort und Tat zusammenpassen. Davon spürte ich in Köln bald überhaupt nichts mehr.

Okay, ich konnte bald meinen überdachten Sperrmüllhaufen verlassen und in ein Studentenwohnheim ziehen. Aber als Illegaler dort eingeschleust zu sein, nahm sich für mich auch nicht viel witziger aus.

Gut, ich hatte jetzt wieder elektrisches Licht und mußte mich zur Verrichtung meiner Notdurft nicht länger irgendwo in die Büsche schlagen. Aber was änderte das letzten Endes an meiner verkorksten Situation? Und wie sollte mein Glaube unter solchen Umständen wachsen?

Als die Sache im Studentenwohnheim nach wenigen Wochen aufflog und ich erneut auf der Straße landete, machte das den Kohl auch nicht mehr fett. Mein Absturz schien mir einmal mehr unausweichlich zu sein.

In meinem Inneren vollzog sich eine dramatische Wandlung. Hatte ich bis dahin meine alte Gesinnung bereits für gestorben, ja für verwest gehalten, so bestimmte sie nun – wie aus dem Hinterhalt – erneut mein Denken.

Am Eigelstein, im Herzen der Kölner Halbwelt, fand ich nach meinem Rausschmiß aus der Studentenbehausung schnell wieder eine jener billigen Absteigen, die mir in der Vergangenheit nur zu oft als Zufluchtsstätte gedient hatten. Wenigstens das Milieu hat immer einen Platz für seine Kinder, dachte ich verbittert.

Plötzlich schien alles wieder wie früher zu sein. Wirklich wie früher? O nein. Gott wäre nicht Gott, und die in Christus offenbarte Liebe Gottes wäre nicht Liebe, wenn meine Erfahrungen nicht nachdrücklicher und bindender wirksam gewesen wären. Ganz ohne Frage: Alles in mir war auf Protest geschaltet. Zorn und Verbitterung gesellten sich dazu. Eine hochbrisante Mischung also. Gott und besonders sein Bodenpersonal konnten mich nicht mehr begeistern. Aber etwas in mir glimmte noch, wie ein Docht. Gott ließ das im Sterben liegende neue Leben nicht einfach ausgehen.

Denn Gott gefällt es nicht, wenn wir vor die Hunde gehen. Er will, daß wir uns zu ihm wenden und leben.

Wie ernst Gott dieses Anliegen ist und wie intensiv er an der Verwirklichung arbeitet, sollte ich bald erleben. Vorab gab's jedoch erst einmal eine äußerst üble Bauchlandung. »Wer nicht hören will, der muß . . .« Naja, den Rest kennen wir ja.

Ich brannte wie 'ne Fackel, das heißt, mir ging allmählich das Geld aus. Mein Arbeitgeber hatte mir den glatten Gang verpaßt. Ich mußte mich wohl etwas im Ton vergriffen haben, als ich ihm zum wiederholten Male klarzumachen versuchte, daß ich nicht länger gewillt war, mich für ein Trinkgeld ausmisten zu lassen.

Viel anders war es in der Tat nicht. Wohl jeder Berufsarbeitslose hätte mich für bescheuert erklärt, für die Kohle allmorgendlich überhaupt aufzustehen. Daß ich mir als simpler Lager-Hiwi keinen dicken Benz vors Lagertor stellen konnte, leuchtete mir ein. Darum ging es auch gar nicht. Ich wollte halbwegs vernünftig über die Runden kommen. Und dazu zählte für mich in erster Linie, mir von meinem Arbeitslohn eine menschenwürdige Unterkunft erlauben zu können. Genau das aber war bei meiner mickrigen Gage leider nicht drin.

»Leute wie Sie, Herr Fietzke, sollten dankbar sein, daß man sie überhaupt noch beschäftigt«, so der lapidare Text meines »Wohltäters«.

Auf diesen Spruch hin bin ich leider ein bißchen ausgeflippt. »Alles klar, Maestro«, schrie ich meinem Chef ins Gesicht, »wenn das so ist, dann such dir mal jemanden, der sich morgens mit dem Hammer kämmt . . .«

Eine Etage tiefer warteten schon meine Papiere auf mich. Ich war meinen Job los.

Da stand ich nun mit meinem Talent. Keine Arbeit. Kein Geld. Und nun? Meine Erfahrung: Den Lauf der Dinge hinnehmen, im wesentlichen abschalten, im Detail nicht allzuviel nachdenken – kurzum: fallen- und treibenlassen. Dieses Rezept zur Bewältigung eines auf der Schattenseite gelebten Lebens ändert sich nicht. Es ist ebenso einfach wie wirksam.

Irrtum! Ganz so einfach gestaltete sich mein beabsichtigter Rückfall nicht. Anders als in den Zeiten vor meiner Lebensübergabe an Christus war: Bei allen Plänen für krumme Touren begleitete mich nun, unerbittlich und ohne sich abschütteln zu lassen, mein Gewissen. Nicht ein Gewissen, das erst beim Ertapptwerden zubeißt und einen für die Dummheit straft, sich mal wieder erwischt haben zu lassen. Was mir jetzt auf Schritt und Tritt nachging, war ein vom Geist Gottes besetztes Gewissen, das mich ständig mahnte. Ich sah mich wie in ein gleißendes Licht gestellt, das schon meine verwerflichen Gedanken als solche bloßstellte.

Diese Erfahrung wurde für mich zu einer Revolution.

Aus meinen Absichten, wieder Mist zu bauen, wurde nichts. Die Revolution hatte nämlich zur Folge, daß sich mein angeschlagenes Vertrauen zu Christus ziemlich rasch erholte. Wenn mir meine prekäre Lage auch weiterhin gehörig gegen den Strich ging, so erlebte ich doch, daß ich trotz meiner miesen Situation noch keineswegs bei Gott abgeschrieben war.

Mein Weg führte mich nach Hamburg zurück. Ich hatte von Köln die Schnauze gestrichen voll! Nichts hielt mich mehr dort.

Gut ein Jahr war seit meiner Abreise von Hamburg nach Köln-Fühlingen vergangen. Wurde mir die erste Hälfte dieser Zeit noch zu einem wertvollen Baustein meines jungen Glaubens, so verbrachte ich die andere Hälfte mit dem Versuch, nicht wieder gänzlich abzusaufen.

Was lag demnach näher als der Gedanke, endlich die Kurve zu kratzen?

Ich kam also in Hamburg an. Geld hatte ich kaum noch. Arbeit und Wohnung schon gar nicht. Nur Ursel und Walter, die mir während und nach meiner Haft so treu zur Seite gestanden hatten. Und ihre Gemeinde, die ich durch sie kennengelernt hatte.

Weiter wußte ich jetzt, daß mein Leben Jesus gehörte und es ihm nicht egal war, was weiter aus mir wurde.

Was blieb mir anderes übrig, als vorerst wieder mit einer der billigen Absteigen vorlieb zu nehmen? Gerne hätte ich zur Abwechslung mal berichtet, in einem Nobelhotel gelandet zu sein. Dazu reichte es aber nicht mehr.

Doch das Thema billige Absteigen sollte sich schon bald erledigt haben.

Durchbruch

Offen gestanden war mir bei der Benennung dieses Kapitels mit dem Begriff »Durchbruch« nicht unbedingt wohl. Denn damit könnte viel zuviel auf einmal gesagt sein. Auch hat der Ausdruck für mich etwas zuviel »Endgültiges«. Genau das aber meine ich nicht!

Was ist schon endgültig? Was ließe sich in Raum und Zeit mit dem Siegel »endgültig« versehen und als »auf ewig gesichert« ad acta legen? Gerade die Wechselfälle des Lebens lehrten mich, die Veränderung alles Zeitlichen aufmerksam zu bedenken. Das Glaubensleben ist davon nicht ausgenommen! Was wir heute noch zuversichtlich als unumkehrbaren Sieg feiern, kann im nächsten Augenblick heftig angefochten und zur Beute unseres Widersachers werden.

»Durchbruch« kennzeichnet hier also nur die Summe der Erfahrungen, die mich – wenn auch nicht ohne Auseinandersetzungen – ein paar Schritte weiterbrachten.

Es war an einem Abend einige Wochen später. Wie so oft seit meiner Rückkehr nach Hamburg hatte ich auch jetzt die Gemeinde aufgesucht. Es zog mich zu diesen freundlichen Menschen. Wir saßen frohgesinnt beisammen und studierten gemeinsam Gottes Wort. Eine feine Sache!

Genau in diesem Rahmen begegnete mir Renate! Sie war das Mittel, das Gott sich zu meiner Flankierung ausgeguckt hatte. Groß gewachsen, von drahtiger Gestalt, das Haupt von einer silbergrauen Haarpracht gekrönt, stand sie plötzlich vor mir. Ein General! Eine Kämpfernatur mit den sieben Leben einer Katze! O Mann . . . Und sie wollte mich in ihre Wohnung aufnehmen.

Sonst keineswegs auf den Mund gefallen oder um Worte verlegen, hing ich nun da wie ein Schluck Wasser in der Kurve und wußte keinen Pieps hervorzubringen.

Kam für mich wirklich kein sanfteres Mittel mehr in Frage? Galt ich meinem Herrn bereits als derart verroht, daß er zu meiner Rettung auf solche Geschütze zurückgreifen mußte?

Wußte diese Frau nicht, wen sie sich in die gute Stube einlud? Doch – sie wußte! Hätte sie aber nicht, gerade weil sie es wußte, unverzüglich einen Rückzieher machen müssen – schon aus Sicherheitsgründen? Sie hätte, ohne Zweifel. Aber sie hat nicht. – Wie schön!

Mag sein (der Trend, auf das Beherbergungsgebot Jesu mit Taubheit zu reagieren, bestätigt das), mag also sein, daß manch einer sie für verrückt oder gar für lebensmüde erklärte. Vielleicht sahen manche die »arme, alte Frau« schon in einer Blutlache liegen ... von mir ihres Sparstrumpfes beraubt.

Vom Äußeren her gehöre ich sicher nicht zu den Leuten, denen man unbedingt zu mitternächtlicher Stunde allein begegnen möchte. Doch Renate scherte das nicht. Mit ihr gab mir Gott einen Menschen an die Seite, der mir über weite Strecken meines Glaubenslebens unglaublich geholfen hat.

Natürlich ist sie dabei an manchen Tagen unseres Zusammenseins ein wenig schneller gealtert, aber wer wird schon jünger?!

Ihren wohlverdienten Ruhestand ignorierend, teilte sie fortan alle meine Sorgen, Ängste und Schwierigkeiten. Bestimmt von Liebe, Fürsorge und unglaublicher Selbstlosigkeit, begab sie sich für mich in die vorderste Front des Lebens und opferte sich nicht selten bis an die Grenzen ihrer Kraft auf.

Nein, nein, was jetzt womöglich nach Vergötterung einer Sterblichen riechen mag, ist weiter nichts als Ausdruck meiner tiefsten Dankbarkeit gegenüber Renate und Gott.

Renate – und zum Glück sind solche Menschen nicht selten – gab das weiter, was sie als Beschenkte ihres Herrn selbst bekommen hatte. So sollte es ja auch sein!

Dank Renate brach für mich allmählich eine herrliche Zeit der Ruhe und des Friedens an. Das mag vielleicht sehr pathetisch klingen, aber so war es nun mal.

Ich war noch keine fünfundzwanzig. Hinter mir lag ein Schlachtfeld, das von Gewalt, Kriminalität und nahezu allen Erscheinungsarten menschlicher Entgleisungen gekennzeichnet war. Aber das war noch nicht alles. Wie Wracks, zusammengeschossen, ausgebrannt und bis zur Unkenntlichkeit deformiert, türmten sich auf diesem Feld auch alle meine Hoffnungen und Sehnsüchte ... Aber jetzt erlebte ich Ruhe und Frieden.

Als Christ zurück in den Knast

Das Hamburger Platt hatte ich zwar nie auf die Reihe bekommen, aber dafür war ich nach meiner Rückkehr anderweitig in allem integriert. Mein Arbeitsbereich war ein riesiger Schrottplatz auf der Peute, einem Industriegebiet. Dort hatte ich einen feinen Job, verdiente durch Schichtbetrieb anständiges Geld und hatte zu allem Guten auch noch ein Spitzenverhältnis zu meinem Boß.

Daß Arbeit mir einmal soviel Freude machen würde, war für mich seit meiner Bekehrung eine der schönsten Erfahrungen überhaupt. Es war schlichtweg überwältigend, zu erleben, wie eben auch auf diesem Gebiet eine zunehmende Gesinnungsänderung ihre ersten Früchte brachte.

Gott macht keine halben Sachen! Haben wir uns ihm einmal in den Griff gegeben, dann bleibt kein Bereich unseres alten Lebens von einer Neugestaltung ausgespart. Gott stellt nicht bloß die alten Möbel unseres Lebens um, er ersetzt sie durch neue.

Nach Feierabend zog es mich dann auf die Schrottplätze der gesellschaftlich Ausrangierten. Wann immer es mein Schichtplan zuließ, versuchte ich, für diese Menschen dazusein. Oft war es furchtbar! Sie lebten weit ab vom Schuß, irgendwo an den Rändern stinkender Industriegebiete. Dort, wo die Wohl- und Anstandsgesellschaft ihre hausgemachten »Problemfälle« außer Sichtweite deportiert hat, fristeten sie in verkommenen Obdachlosenasylen ihr erbärmliches Dasein. Manches Mal hatte ich den Eindruck, auf einem anderen Planeten gelandet zu sein.

Doch dieses Elend ging mir mörderisch an die Substanz. Vielleicht war es auch nur das Ohnmachtsgefühl angesichts dieser Fülle an Leid. Ich selbst hätte im Grunde glücklich sein müssen. Was mein eigenes Leben anbelangte, so gehörten Leid und Chaos ja endlich der Vergangenheit an. Doch bei der Arbeit in den Obdachlosenasylen gab es, trotz mannigfacher Nackenschläge, auch immer wieder erfreuliche Erlebnisse. Manch ein »Ausrangierter« konnte den Saustall verlassen und in ein normales Leben zurückgeführt werden. Gründe zur Freude genug? Ja – aber halt nicht nur.

Seit langem spürte ich in dieser Zeit ein unbestimmtes Drängen in mir. Anfangs noch sehr schwach, fast so wie aus weiter Entfernung, begann es mich jetzt mehr und mehr auszufüllen. Etwas schien im Busch zu sein, aber ich wußte noch nicht, was es war. Besonders interessant war mir dabei, daß es sich um einen ungewöhnlich sanften und feinfühligen Vorgang handelte. Obgleich es mich zunehmend beschäftigte, war es niemals heftig oder gar bedrückend. Letzten Endes war es auch weniger das Drängen als solches, das mich immer mehr nach innen horchen ließ. Es war dieser sanfte, feinfühlige Einfluß auf mein Gemüt.

Das Ganze zog sich lange Zeit so dahin. Fast eineinhalb Jahre brauchte ich, bis mir endlich klar wurde, was Sache war: Hatte ich mein Leben vor Gott geordnet, so sollte ich es jetzt auch vor Menschen tun. Im Klartext: vor der Justiz. Das innere Drängen bis hin zu dieser Einsicht war das Wirken des Geistes Gottes, wie ich heute weiß.

Es war an einem Vormittag. Hamburg strahlte im Glanze eines aufsteigenden Frühlingstages. In den Straßen pulsierte das Leben. Hupend und quietschend schob sich die bunte Masse unzähliger Autos als Blechlawine durch den zähen Berufsverkehr. Jeden Morgen das gleiche.

Ich hing in der Karre eines befreundeten Pastors und schwitzte mir fürchterlich was zusammen. Nee, mit der aufsteigenden Sonne hatte das ungewollte Schwitzbad nichts zu tun. – Wir befanden uns auf dem Weg zur Staatsanwaltschaft.

Für mich war die Sache schon im voraus klar: Würde ich gleich an den Falschen geraten (etwa an jemanden, der schlecht geschlafen hatte), so konnte ich heute noch per Haftbefehl hopsgehen. Mit dem schönen Wetter hatten meine Aussichten an diesem Morgen also nichts gemeinsam. Natürlich bestand ebenso die Chance, bis zu einer Gerichtsverhandlung auf freiem Fuß zu bleiben. Die Situation war mir ein bißchen wie russisches Roulette – nur eben ohne Ballermänner.

Aber Gott war auf dem Plan. Der Staatsanwalt, in dessen Büro ich wenig später landete, machte nicht nur einen äußerst ausgeschlafenen Eindruck. Ich erfuhr, nach anfangs von ihm geäußerter Skepsis, sogar sein aufrichtiges Wohlwollen. Ich war echt platt. Auch wenn ich wußte, auf wessen Geheiß ich die Sache da durchzog, ging mir an diesem Morgen erst einmal so ziemlich alles auf Grundeis.

Am Ende unseres »Meetings« durfte ich das Büro des Staatsanwalts als vorerst freier Mann verlassen. Ich stellte mir so etwas wie eine moralische Putzfrau vor. Wie lange hätte die Ärmste gebraucht, um all den Müll zu beseitigen, den der Staatsanwalt an diesem Morgen stillschweigend unter den Tisch hatte fallen lassen! Ich erfuhr, daß Gott uns niemals ins Messer rennen läßt, wenn wir uns zu unserer Schuld bekennen.

Etwa acht Monate nach meinem Stelldichein bei der Staatsanwaltschaft eröffnete das Hamburger Landgericht den Prozeß. Eigentlich könnte ich es bei dem Hinweis belassen, daß die Verhandlung ein Witz war. Sie war echt ein Witz!

Die Frage, ob es einen Sinn macht, sich aus freien Stükken einem Gericht zu stellen, hatte mich zwar immer bewegt. Aber sie stand aufgrund der veränderten Umstände nicht mehr zur Debatte. Mir ging es darum, den Willen Gottes zu befolgen. Alles andere zählte für mich nicht – bis zu diesem Zirkus jetzt.

Der Vorsitzende Richter ging ja noch. Tage nach der Verhandlung räumte er sogar ein, daß er von der Aufrichtigkeit meiner Umkehr überzeugt sei. Na bitte.

Wer sich von der Aufrichtigkeit meiner Umkehr gar nicht überzeugen lassen wollte, war der liebe Herr Staatsanwalt. (Nicht identisch mit dem, vor dem ich meine Schandtaten ausgepackt hatte.)

Er war ein unbedeutender Assessor, der seinen ersten großen Auftritt für gekommen hielt und bei dem angepeilten Strafmaß mit Jahren um sich schmiß, wie Einstandspflichtige auf den Baustellen mit Bierbuddeln. Er kannte mich nicht einmal eine Stunde. Und doch wußte er unendlich viel über meine angeblichen Motive zur Selbstanzeige daherzuplaudern, daß wohl jedem im Saal Hören und Sehen vergehen mußte. Die Art, wie er mir alle nur erdenklichen Unlauterkeiten anzuhängen versuchte, empfand ich als lächerlich und geradezu erbärmlich.

Daß ich mich selbst gestellt hatte und es anders nie zu dem Prozeß gekommen wäre, wurde tunlichst totgeschwiegen. Meine sämtlichen früher verübten Straftaten wären unentdeckt geblieben. Ich hatte also nicht unter dem Druck laufender Ermittlungen gehandelt, um mir etwa durch »freimütige« Geständnisse eine günstigere Ausgangsposition vor Gericht zu verschaffen.

Was ich während der Verhandlung im einzelnen empfand, ist mir heute nicht mehr im Gedächtnis. Vielleicht ist das auch ganz gut so. Erinnern kann ich mich dagegen noch sehr gut, daß mich das Gerede nicht sonderlich aus der Fassung brachte. Ich kann zwar nicht behaupten, daß ich mit dem guten Mann hätte beten mögen; aber ans Leder wollte ich ihm auch nicht. Ich hatte ein ruhiges Gewissen vor Gott.

Fälle wie der meinige, daß Gott einen vor ein Gericht treibt, sind äußerst selten. Überhaupt wäre es grundlegend falsch, aus meiner Schilderung folgern zu wollen, daß Vergebung von Gott nur in dem Maße möglich wäre, wie wir unsererseits an der lückenlosen Aufklärung unserer Vergangenheit mitwirken. Dem ist nicht so! Im Gegenteil.

Es mag so manche Sache geben, die außer dir und Gott niemanden zu interessieren hat. Aber wenn du weißt, daß du sie auch vor Menschen bekennen sollst, dann mußt du es tun.

Wenn wir Christus unsere Schuld bekennen und damit eine Umorientierung unseres Denkens und Wollens vollziehen, ist er treu und gerecht, daß er uns vergibt.

Von einer zwangsläufigen öffentlichen Bloßstellung des Sünders ist indes nirgendwo die Rede. –

Nur wenige Wochen nach meiner Verurteilung flatterte mir der Strafantrittsbefehl ins Haus. Ich war bedient. Völlig am Boden war ich dann aber, als ich dem Wisch entnahm, in welcher Anstalt ich mich zur Strafverbüßung einzufinden hatte. Obwohl ich das Papier drei- und viermal durchlas: Es änderte nichts. Ich sollte tatsächlich in Santa Fu antanzen. Wir erinnern uns, es war jene Strafanstalt, in welcher ich einen katastrophalen Ruf hatte.

Um acht Uhr morgens sollte ich dort sein. Und das pünktlich, sauber und nüchtern, wie es so schön hieß. Wie schade, daß mir mein Konfirmationsanzug nicht mehr paßte, dachte ich mit zwiespältigen Gefühlen.

Insgeheim hatte ich natürlich bis zuletzt auf ein kleines Wunder gehofft. Vielleicht, so dachte ich, konnte Gott die Sache doch noch so drehen, daß mir wenigstens der Knast erspart blieb.

Klar, daß man einen solchen Wunsch hat. Unsere Knäste sind schließlich keine Sanatorien. Aber ich mußte als Anfänger im Glaubensleben mit dieser Zulassung Gottes fertig werden.

Daß ich in der Zeit meiner Haft nicht absackte, darüber wachte Gott dann in wunderbarer Weise. Aber darauf komme ich noch zu sprechen. Übrigens war mir klar, daß schon die ersten Minuten meines Auftretens von entscheidender Bedeutung waren. Damit stand oder fiel mein Bekenntnis, Christ geworden zu sein.

In der Erinnerung der Anstaltsbediensteten war ich der Bambule-Fürst, der Krawallmacher. Ihr »Ach du Scheiße, Fietzke ist wieder da . . .« zeigte mir nur zu deutlich, wie nachhaltig vergangene Ereignisse noch in ihren Hinterköpfen nisteten.

Da können bestimmte Vorkommnisse sozusagen bis in die Steinzeit zurückreichen. Diese Brüder verfügen über ein Erinnerungsvermögen, wie es sonst den Elefanten nachgesagt wird.

Selbstverständlich hatte ich bei meiner Ankunft kaum eine andere Begrüßung erwartet. Warum hätten sie begeistert sein sollen? Ich war's doch bei ihrem Anblick auch nicht.

Daß ich Christ geworden war, stand mir nicht auf der Stirn geschrieben. Flügel waren mir zwischenzeitlich auch keine gewachsen. Ebensowenig zierte mich der goldene Glanz eines Heiligenscheins. Und weil wir schon mal beim Thema Aussehen sind: Was mein »liebliches«, von nicht wenigen Narben geschmücktes Antlitz anbelangt – mit dem eines Engels hatte es bis zu dieser Stunde nichts gemeinsam.

Woran hätten meine Aufpasser eine Revision ihres bestehenden Urteils festmachen sollen?

Zugegeben, das Herz hat es mir deshalb nicht gebrochen. Eine andere Begrüßung hatte ich nicht erwartet.

Wie jeder Neuzugang landete ich erst einmal in einer der sogenannten Zugangs- beziehungsweise Transporterzellen. Eine unglaublich verdreckte und übel stinkende Bude! In der Mitte der Zelle waren mehrere klapprige Tische aufgestellt. Ihre rauhen Holzplatten waren übersät mit tief eingeritzten Grußbotschaften und allen möglichen Obszönitäten. Nicht viel anders sahen die Wände aus. Mich störte der ganze Ramsch nicht. Ich wußte ja, wo ich mich befand.

Ein halbes Dutzend verrotteter Stahlrohrbetten, die wie stählerne Skelette wirkten, vervollständigten das jämmerliche Bild. Es gab keinen Zweifel mehr – ich befand mich tatsächlich wieder in einem Knast. Zweifelsfrei wurde mir allmählich aber ebenso, daß man mich aus »Bock« in diesem Raum schmoren ließ. Stunden vergingen. Zäh wie dikker Sirup quälten sie sich dahin. Auch das war mir nicht neu. Es waren halt die üblichen Späßchen, die kleinen Lebensfreuden einiger kapohafter Aufpasser.

Ich war an diesem Morgen allein. Allein mit meinen Gedanken und Fragen, Sorgen und Ängsten. Mancher heftige Sturm war ja bereits über mein junges Glaubensleben hinweggefegt. Oft hatte ich mich wie ein Elia ins Abseits gesetzt und Gott zugerufen: Bis hierher und keinen Schritt weiter! Soll er sich von mir aus doch jemanden anderen suchen ...

Aber es ging dann doch weiter. Mal an seiner Hand, mal auf seinem Arm. Und wenn dann wieder mal gar nichts zu gehen schien, wurde auch schon mal mit Nachdruck geschoben. Nein, ohne Hoffnung war ich auch jetzt nicht.

Ich mußte wohl in Gedanken ziemlich weit weg gewesen sein, als plötzlich scheppernd die schwere Tür aufflog: »Es geht los, Fietzke«, blökte mir ein schmalbrüstiger Wärter zwischen Tür und Angel entgegen. Ich nahm meine mitgeschleppte Reisetasche auf und folgte ihm wortlos. Es ging zur Umkleidekammer, das wußte ich schon. Dorthin, wo der Neuzugang erst einmal so richtig zu einem »anständigen« Knacki ummodelliert wird.

Das Zeremoniell auf diesen Umkleidekammern ist in allen Knästen das gleiche. Ausziehen, umziehen, Fragen hier und Fragen dort. Es gibt Schlimmeres.

Während ich mich umzog und dabei fast in den Übergrößen der mir ausgehändigten Knast-Klamotten zu versinken drohte, machten sich zwei Aufpasser daran, meine Tasche zu filzen.

Ich weiß nicht, was die beiden plötzlich hatten. Zuerst sahen sie sich an, dann peilten sie zu mir herüber. Dann angelte sich einer der beiden eines meiner mitgebrachten Bücher hervor, hielt es wie eine Trophäe in die Höhe und bellte seinen umstehenden Kollegen zu: »Eh, jetzt guckt euch das mal an, was Fietzke da mitgebracht hat ... fromme Bücher ...« So war's. Anstelle der sonst nicht unüblichen Pornos und anderweitigen Schundliteratur hatte ich eine Bibel und etliche religiöse Biographien im Gepäck.

Meine Aufpasser stierten mich an, als wäre mir augenblicklich eine zweite Nase ins Gesicht gewachsen. Fietzke und fromme Bücher, das wollten sie mir partout nicht abnehmen ...

»Weißt du, Fietzke«, so sagte einer der Aufpasser, den ich sehr gut kannte, »dir hätt ich alles zugetraut, aber daß du jetzt diese Tour reitest ...«

Wie nicht anders zu erwarten war, schlossen sich spöttische Bemerkungen an. Hatten sie mich früher schon bös auf dem Zettel, so wollten sie es scheinbar jetzt hundertfünfzigprozentig wissen.

Ich weiß heute nicht mehr, wie oft die Brüder anschließend bei mir eingeflogen kamen, nur um meine Zelle nach Pornos oder ähnlichem auf den Kopf zu stellen. Nicht daß der Besitz von Pornos verboten gewesen wäre. Im Gegenteil. Sie durch entsprechende Verlage zu beziehen, war wesentlich einfacher, als an Fachliteratur heranzukommen. Das ist kein Witz. Ich bin diesbezüglich nicht nur einmal mit der Anstalt aneinandergeraten.

Es ging ihnen bei ihrer Suche einzig darum, mich an der schwächsten Stelle doch noch als Heuchler zu entlarven. Fromme Bücher und Pornos, so hätten sie es wahrscheinlich gerne gesehen.

»Als Christ mußt du den Scheiß doch jetzt ausschwitzen – oder?« Es gab zum Thema Selbstbefriedigung noch weit schlimmere Äußerungen – schenken wir uns den Müll. Ein Gefängnis ist nun mal kein Kloster.

Wenn auch in der Folgezeit Spott und Verhöhnungen aus den Reihen meiner Aufpasser nie ganz verstummten, ging doch manch einem von ihnen allmählich die Luft aus. Ja mehr noch, aus manch einem Lästerer wurde ein interessiert neugieriger Gesprächspartner. Kamen sie anfangs noch mit Pauken und Trompeten, um mir als Heuchler den Marsch zu blasen, so tanzten sie jetzt heimlich, still und leise bei mir an und löcherten mich mit allen möglichen Fragen, nach dem Warum und Wieso meiner Bekehrung.

Ein befreundeter Pastor hatte mir kurz vor meinem Haftantritt einen Tip mit auf den Weg gegeben: »Rede nur, wenn du gefragt wirst. Lebe aber so, daß du gefragt wirst.« Die Einhaltung dieses Grundsatzes erwies sich als äußerst wertvoll.

Ich habe mit meinem christlichen Glauben nie jemandem die Bude eingerannt. Ebensowenig habe ich – etwa mit der Hölle drohend – andere zur Bekehrung gedrängt. Denn wenn mir schon immer etwas abgrundtief gegen den Strich ging, dann alles, was den Menschen zum bloßen Bekehrungs-Objekt herabwürdigt.

Manche Bekehrungsbemühungen erinnerten mich an ein Gewinnspiel. Demnach – so hatte es den Eindruck – winkte dem, der die meisten »Seelen« heranschleppte, im Himmel wohl einst ein Fensterplatz mit Blick aufs Meer. Das Ganze sozusagen als erster Preis.

Nur wenige Monate nach meiner Einbuchtung entstand unter meinen Mitgefangenen ein kleiner Bibelkreis. Nahezu jeden Abend trafen wir uns, um gemeinsam zu beten und im Wort Gottes zu stöbern. Hast du schon mal gesehen, wenn sich schwere Jungs, gepeikert wie Bilderbücher, wie kleine Kinder im Gebet zu Gott flüchten? Bei Gott gibt es kein Ansehen der Person! Vor seinem Angesicht fallen alle Grenzen und Barrieren. Es ist etwas Herrliches!

Vor Gott spielt es keine Rolle, auf welchem Gebiet wir im einzelnen schuldig geworden sind. Schuldig sind wir alle. Du, der du dir im Treppenhaus das Mundwerk über deinen Nachbarn zerreißt, genauso wie du, der du dich an deinem Arbeitsplatz »ja nur mal eben« mit diversen »Kleinigkeiten« für den Privatgebrauch einzudecken pflegst. Eine Klassifizierung in große und kleine Sünden wirst du bei Gott mit Sicherheit nicht finden.

Der erneute Knastaufenthalt fiel mir trotzdem nicht leicht. Als ich dann allerdings aus nächster Nähe miterlebte, wie Gott an dem einen und anderen meiner Umgebung zu arbeiten begann, war ich sogar im Knast glücklich.

Leider wird auch der Friedfertigste nicht in Frieden leben können, wenn sein Nächster beständig auf Alarm aus ist. Aber wem sage ich das ... Umgekehrt hätte es auch zuviel des Guten sein können, wäre tatsächlich alles ohne nennenswerte Probleme über die Bühne gegangen. Meinen ersten ernsthaften Knatsch bekam ich mit einem sogenannten Drogisten. (Im Gefängnis die übliche Bezeichnung für Drogenkonsumenten.)

Ich lungerte an einem Vormittag in den unteren Zellentrakten herum, als ich von einem Mitgefangenen angebaggert wurde. Zuerst noch ausgesprochen jovial, hielt er mich dazu an, auf einem meiner nächsten Haftausgänge Drogen in die Anstalt zu schmuggeln. »Alter, dich filzen sie doch eh nicht gründlich ...«, sagte er ermutigend.

Als ich ihm zu verstehen gab, daß er sich die Sache mit mir als Kurier abschminken könne, flippte er aus.

»Piß dir bloß nicht ins Hemd, Alter ...« Wohl um mich einzuschüchtern, baute er sich drohend vor mir auf. Schlimm. Plötzlich befand ich mich in genau der Situation, deren Eintreffen ich am meisten befürchtet hatte.

In meinem Gehirn wirbelten Gedanken und Abwägungen auf, als sei ich in den Schleudergang einer Waschmaschine geraten: War es nicht klüger, schoß es mir blitzartig durch den Kopf, erst einmal hinzulangen? Doch was war das? Wäre mir früher schon der dummen Anmache wegen die Hand ausgerutscht, so stand ich jetzt wie angewurzelt da und wunderte mich über das Ausbleiben dieses gewohnten Reflexes.

Aber das war noch nicht alles. Obwohl ich zuvor überhaupt nicht daran gedacht hatte, stand mir schlagartig jene Szene vor Augen, wie Jesus Christus vor Pilatus, Herodes und dem übrigen Hohen Rat (der jüdischen und römischen Gerichtsbarkeit) stand: Wer aus der Bibel darum weiß – scheußliche Szene. Umringt von einer gegen ihn aufgehetzten Meute, stand Jesus dort und schwieg. Er schwieg. Und er schwieg selbst dann noch, als sie ihn bespuckten, verhöhnten und brutal auf ihn einschlugen.

Es war in diesem Augenblick wie ein Film, der sich vor meinem inneren Auge abspulte. Parallel zu meiner Überlegung, ob es nicht erst einmal besser wäre, meinem wütenden Gegenüber eins auf die »Glocke« zu hauen.

Obwohl nicht bespuckt und zusammengeschlagen, brannte ich in meinem Inneren darauf, meine vermeintliche Ehre zu verteidigen. Was war ich doch als Christ für ein jämmerlicher Kerl. Beschämt wandte ich mich ab und begab mich auf meine Zelle. Die Lektion hatte gesessen – jedenfalls für diesen Augenblick. Das nächste Ding folgte fast auf dem Fuße. Nur, diesmal sollte ich nicht so glimpflich davonkommen.

Die Abneigung beruhte auf Gegenseitigkeit. Leider hatte sich für mich auch als Christ vorerst nichts daran geändert. Ich versuchte zwar im Gegensatz zu früheren Zeiten, meine Klappe zu halten. In Gedanken allerdings erwischte ich mich immer noch dabei, dem Aufpasser S. die Seuche an den Hals zu wünschen. Für mich war S. nach wie vor ein rotes Tuch.

Wie es ihm gelungen war, trotz des Größen-Numerusclausus von 1 Meter 68 in die Beamtenlaufbahn zu gelangen, war nicht nur mir ein Rätsel. Ich meine es bestimmt nicht sarkastisch. Aber scheinbar war man zu jener Zeit bei der Justizbehörde wieder mal darauf angewiesen, alles an die Schlüssel zu rufen, was nicht schnell genug auf die Bäume kam. Selbst ältere Aufpasser äußerten sich in ähnlicher Weise über den Nachwuchs junger Schließer. Tja, die Flucht der guten, alten Zeiten aus den Knästen konnte selbst durch meterhohe Mauern nicht verhindert werden.

Ohne Zweifel litt S. unter seiner geringen Körpergröße. Denn nicht der Gefangene mußte zu ihm aufschauen, sondern umgekehrt. Das allein stank ihm schon mörderisch. Völlig geriet er aber aus dem Häuschen, wenn man sich dummdreist bei ihm danach erkundigte, ob's die Uniform denn nicht auch in seiner Größe gegeben habe. Während sich manch einer seiner Kollegen eher noch die Schuhe hätte höherziehen müssen, um nicht im Hochwasser zu waten, hing S. die Hose ständig unter den Absätzen seiner Schuhe. Seine Erscheinung war wirklich ein Bild für die Götter.

Daß ich mit S. früher oder später aneinandergeraten würde, schien mir beinahe programmiert. Überhaupt gab es unter den vielen Gefangenen kaum jemanden, der nicht im Laufe seiner Haftzeit mit ihm Theater bekam. Ich wurde nie den Eindruck los, daß er sogar darauf stand. Daß Gefangene für ihn der »Abschaum der Gesellschaft« waren, war allgemein bekannt. Daraus machte S. keinen Hehl.

Ich stand eines Nachmittags vor der Bürotür meines zuständigen Abteilungsleiters, als S. mich dort erspähte und mit grimmigen Blicken auf mich zugesteuert kam.

»Wieso bist du nicht auf deiner Zelle, Fietzke?« blökte er mich in gewohnt übler Weise an.

»Weil ich zum Abteilungsleiter will, deshalb . . .«, schnauzte ich ebenso barsch zurück.

»Bist du bestellt?«

»Nein.«

»Dann sieh zu, daß du auf deine Hütte kommst, aber ein bißchen zackig. Sonst . . .«

»Sonst was?« wollte ich von ihm wissen.

»Das wirst du dann schon sehen.«

Dieser miese Vorgartenzwerg, dachte ich wütend. Warum konnte mir so was nicht mal im Dunkeln begegnen.

Unser Wortgefecht wurde zunehmend heftiger. Dann hatte ich aber plötzlich genug von ihm: »Wenn du mir nicht gleich aus dem Licht gehst, stampf ich dich unangespitzt in den Boden . . .« Ich kochte vor Wut und war auf hundertachtzig. Christ hin, Christ her. Längst hatte es in mir klick gemacht, und ich stand wie bei einem Stromausfall im Dunkeln. Mir war die Sicherung durchgeknallt!

Doch was half's. Die Drohung war ausgesprochen und nicht wieder rückgängig zu machen. Als ich allmählich meine Fassung wiedererlangte, fiel es mir wie Schuppen von den Augen. Ich erkannte, was ich soeben leichtfertig aufs Spiel gesetzt hatte. Plötzlich schien mir der Boden unter den Füßen zu weichen. Ich fühlte mich entsetzlich! Verzweifelt dachte ich bloß noch: Du begreifst es nie, Fietzke.

Doch wie schön, daß Gott den Dingen immer schon ein Stück voraus ist. Wenn auch nach solchen Ausrutschern nicht alles gut sein muß, was »von oben« kommt – Gott steckt nicht auf. Überhaupt habe ich seine unendliche Güte und Langmut nie begriffen. Wer sonst außer ihm würde uns trotz all unseres Versagens niemals aufgeben?

War das ein Spektakel! Von allen Seiten kamen weitere Aufpasser und Mitgefangene angeschossen. Fietzke, »der Pastor«, zurückgefallen in sein altes Element. Sicher mochte es auch auf den ganzen Trubel um mich herum zurückzuführen gewesen sein, daß ich die leise Mahnung des Geistes Gottes anfangs gar nicht so recht mitbekam.

Nur ganz allmählich wurde die Stimme in mir deutlicher. Es war die mir bestens vertraute Stimme Gottes. Sein »Ich bin doch da« war jetzt klar und deutlich zu vernehmen.

Aber bei diesem bloßen Zuspruch sollte es keineswegs bleiben. Plötzlich tauchte Otto Sander auf. Bei Gott gibt es keine Zufälle! Deshalb signalisierte mir das unerwartete Aufkreuzen dieses Mannes unmißverständlich, daß Gott mir jetzt zu Hilfe kommen wollte. Gottes Handeln geschieht niemals aus einem metaphysischen Hinterhalt heraus. Sein Wirken vollzieht sich ganz real, und das heißt, Gott wirkt durch Menschen. Durch Menschen, die sich ihm als Werkzeuge zur Verfügung gestellt haben. So einfach ist das!

Otto Sander war Leiter der sogenannten Zugangsanstalt. Dieser Bau, von Insidern auch »Totenhaus« genannt, befand sich innerhalb des riesigen Gefängniskomplexes. In dem Haus, in welchem ich untergebracht war und er jetzt auftauchte, hatte er im Grunde wenig zu suchen.

Er war bekennender und praktizierender Christ. Ein ausgesprochen feiner Kerl, wie ich schon gemerkt hatte. Seine menschliche Wärme und zugängliche Art gerade an diesem Ort der permanenten Ablehnung und Vorurteile bleiben mir unvergessen.

Der Stellvertreter meines zuständigen Abteilungsleiters war auch Christ. Ein Sticker »Jesus lebt« prangte an dem Aufschlag seines Jacketts. Welchen Jesus er auf seinem Revers herzeigte, ist mir allerdings nie so recht klargeworden. So viel jedoch war sicher: Einer von uns beiden mußte an den Falschen geraten sein.

Ich erinnere mich noch genau daran, daß mir der gute Mann eine Bekehrung zu Christus rundweg als »unmöglich« absprach. »Straftäter«, so drückte er sich aus, »können sich nicht so ohne weiteres zu Jesus Christus bekehren ...«

Vollends Schluß mit der christlichen Nächstenliebe war dann, als er erfuhr, daß die Wiege meines Glaubenslebens bei den Pfingstlern stand. Die nämlich hatten bei ihm und seinem Jesus von Haus aus miserable Karten.

Wie schön dagegen, daß all diese Dinge für Otto Sander kein Thema waren. Für ihn war ich – obwohl Knastologe – schlicht der junge Bruder im Glauben. Und als der Ältere und Weisere nahm er sich des jungen Hitzkopfes an, der sich in seinem Kleinkrieg gegen die Obrigkeit wieder mal bös verzettelt hatte.

Gemeinsam mit Otto Sander ging ich auf meine Zelle zurück. Dort angekommen, die schwere Zellentür zugezogen und mit ihm allein, konnte ich nicht anders, als über mein neuerliches Versagen fürchterlich zu weinen. Eben noch »drei Meter breit« und drohend entschlossen, den Schließer wegzuhauen, saß ich jetzt auf der äußersten Kante meiner Pritsche und weinte meine Verzweiflung heraus.

Die Zeit lief gut, zumindest im Blick auf das Stundenglas. Gut acht Monate meiner dreijährigen Haftstrafe waren um. Langsam neigte sich damit das erste Jahr seinem Ende entgegen.

Bestimmte mich zu Beginn meiner Haft noch die düstere Vorstellung, womöglich auf der ganzen Linie Schiffbruch zu erleiden, so lehrte mich Gott jetzt, wie treu und verläßlich er seinen Leuten beisteht. Und wenn ich mir in meiner chronischen Ungeduld und in meiner Neigung zur Sturheit auch noch manchen Ausflug ins alte Wesen genehmigte und manchmal an den Grenzen zu einem Fiasko endete – Gott wich mir in seiner unbegreiflichen Langmut nicht mehr von der Seite. Ja, wie eine liebende Mutter über das Wohl ihrer Kinder wacht, so wacht Gott über alle, die sich im Vertrauen zu ihm halten. Das ist meine bisherige Erfahrung.

In meinem trostlosen Umfeld wurde ich bald sowohl von meinen Mitgefangenen wie auch von den Aufpassern als »der Pastor« akzeptiert. Obwohl mir nicht alle deswegen gleich die Bude einliefen, konnte ich immer mal über meinen Glauben reden.

Ich denke, es war wichtig, daß ich mich zu keinem Zeitpunkt abgesondert oder gar für etwas Besseres gehalten habe. Im Klartext: Anderen gegenüber habe ich weder den Eremiten noch den Moralapostel heraushängen lassen. Ebensowenig habe ich jemals auf persönliche Vorteile geschielt. Das Gegenteil war der Fall. Ich hätte ohne jeden Zweifel einen wesentlich angenehmeren Knast schieben können. Aber Anbiederungsversuche um eines lumpigen Vorteils willen waren mir immer schon abgrundtief verhaßt. Diese Haltung hat mit meinem Christsein nichts zu tun. Ich hatte sie schon vorher.

Natürlich machte ich mich für Dinge gerade, die mir offiziell zustanden. Ich halte überhaupt nichts von einer permanenten Leisetreterei, die fälschlich als besonderer Akt der Demut hingestellt wird. Wer Demut – wie sie die Bibel meint – mit Dummheit gleichsetzt, ist zu bedauern. Christen müssen sich nicht zum Gespött machen oder von jedem Hans und Franz x-beliebig übern Tresen ziehen lassen.

Unangebrachte »christliche« Zurückhaltung kann teuer werden. Das habe ich später einmal sehr handgreiflich erfahren. Anfang der achtziger Jahre – ich war nach genau einem Jahr glücklich aus dem Knast heraus – machte in Hamburg ein Pastor von sich reden, dem die »fromme« Zurückhaltung vieler Gläubiger eine Menge Kohle einbrachte. Der Mann hatte es faustdick hinter den Ohren. Von Kirchengemeinde zu Kirchengemeinde ziehend (nicht etwa, um Gottes Wort zu verkündigen), warb er für eine Reise ins »Gelobte Land« Israel. Mensch, konnte der labern . . .

An einem Sonnabendnachmittag kreuzte er dann auch in meiner damaligen Gemeinde auf . . . Oh, wie hingegeben hingen ihm meine lieben Glaubensgeschwister an den Lippen. Endlich, so schien es vielen von ihnen, bot sich die Gelegenheit, einmal live auf den einstigen Pfaden des Herrn zu wandeln – und das alles selbstverständlich für einen Apfel und ein Ei. Zu überlegen gab's da scheinbar nichts mehr; hier wurde von vielen sofort zugeschlagen.

Ich studierte mittlerweile an einem theologischen Seminar und hatte natürlich nicht das nötige Kleingeld, um mich auf die einstigen Pfade meines Herrn befördern zu lassen. Da ich ein Gegner der damaligen Israel-Euphorie war, fand ich das nicht weiter tragisch.

Renate – von mir inzwischen vom General zur Mutter befördert – paßte das überhaupt nicht. Am lieben Geld sollte der Trip ins Gelobte Land nicht scheitern. »Du kommst mit, Rudi, und fertig . . .« Ja, ja, das war mal wieder typisch Renate.

Je länger ich mir den Vortrag dieses Mannes anhörte, desto schriller läuteten in mir die Alarmglocken. Es war wirklich sonderbar! Ich spürte, daß hier jemand darauf aus war, meine Glaubensgenossen rüberzuholen, das heißt auszunehmen.

Und so kam es dann auch!

Wie alle Interessenten hatte auch Renate längst eine beachtliche Summe als Vorkasse für uns abgedrückt. Doch es tat sich nichts. Das heißt, es tat sich schon etwas: Angekündigte Abflugtermine wurden verschoben, aufgehoben und weiß der Kuckuck was mehr. Ständig wurden neue Hinderungsgründe genannt, die »leider« wieder einmal zur Umdisponierung zwangen.

Wenn ich mich heute noch recht erinnere, zog sich dieses Spielchen mehrere Wochen hin. Ich tanzte mittlerweile im Dreieck. Das heißt, mir begann die Sache zunehmend zu stinken. Aber was half's. Ich redete mir den Mund fusselig, um meine lieben Glaubensgenossen zu warnen und sie zum Handeln zu bewegen. Aber sie waren nicht zu bewegen.

»Was du immer hast, Rudi. Laß uns doch erst einmal in Ruhe abwarten . . .« Bei aller Liebe und Achtung vor der Meinung anderer Christen: Was da an Vertrauensseligkeit an den Tag gelegt wurde, grenzte für mich schlichtweg an Dummheit. Gefehlt hätte bloß noch der fromme Spruch: Der Herr wird's schon machen . . .

Okay, sagte ich mir, wenn die sich in aller Ruhe übern Tisch ziehen lassen wollen, sollen sie's doch. Man kann ja bekanntlich niemanden zu seinem Glück zwingen . . .

Ich wollte jedenfalls das von Renate bezahlte Geld zurückholen.

Zuerst besorgte ich mir die Anschrift des »Filmers«. Sein Büro lag in der Hamburger Innenstadt. Als ich dort einflog, herrschte bereits emsige Aufbruchstimmung. Ohne mich in langatmigem Vorgeplänkel zu ergehen, forderte ich die gesamten Vorauszahlungen der Israelreisenden zurück. Und zwar bar auf die Hand. Der »Filmer« sah mich an, als ob er mich für nicht ganz dicht hielt. Schlimmer noch war seine schleimig-fromme Tour, die er plötzlich ritt. Für ihn waren Christen anscheinend alle nur fromme Idioten. Aber egal! Als er endlich begriff, daß auch sein Wort zum Sonntag keinerlei Wirkung auf mich hatte, gab er mir wütend einen Scheck über mehrere tausend Mark. Probleme beim Einlösen dieses Stückchens Papier gab's dann zum Glück keine.

Wenn wir auch nicht alles Geld zurückholen konnten, ein beachtliches Sümmchen konnte immerhin gerettet werden.

Ich war gerade auf dem Rückweg zu meiner Gemeinde, als der »Filmer« bereits dort anrief und sich fürchterlich über meine angeblichen Mafia-Methoden beklagte: »Daß es solche Leute jetzt auch schon in den Kirchengemeinden gibt«, weinte er sich aus, »ist doch wohl unglaublich.« (Meine Meinung dazu: Es dürften getrost ein paar mehr sein!)

Leider mußte ich mir bei meiner Ankunft erst einmal eine gepfefferte Predigt gefallen lassen. Über »rechte Zurückhaltung« und so. Wir wollen darauf nicht weiter einsteigen. Nur soviel noch: Während man sich nicht nur in meiner Gemeinde weiter in »demutsvoller« Zurückhaltung übte, packte der »Filmer« und Ex-Pastor unbehelligt seine sieben Sachen und schwirrte mit unbekanntem Ziel ab.

Wenig später erfuhr es dann auch der letzte. War doch der Boulevardpresse in großaufgemachten Lettern zu entnehmen, was für ein schwarzes Schaf sich hier mit den Geldern vieler Gläubiger aus dem Staub gemacht hatte.

Doch zurück nach Santa Fu. Wer sich in einem Gefängnis zum christlichen Glauben bekennt, wird immer mit der

Verdächtigung leben müssen, es lediglich auf irgendwelche Vorteile abgesehen zu haben. Leider sind derartige Verdächtigungen nicht ganz unbegründet. Mancher Anstaltsgeistliche weiß davon ein Lied zu singen. Allerdings – damit wir hier nichts durcheinanderbringen: Sogenannte Schlammschlachten, von Radfahrern und anderen Intriganten inszeniert, gibt es in jeder anderen Firma auch. In dieser Hinsicht nimmt der Knast keine Sonderstellung ein.

Nach der Haftentlassung vollzog sich meine gesellschaftliche Integration diesmal ohne Probleme. So kehrte ich nicht nur wieder an meinen alten Arbeitsplatz zurück, den mir mein Boß freigehalten hatte, sondern nahm auch meine Arbeit unter den Ausrangierten unserer bürgerlichen Gesellschaft wieder auf.

Daß eine intensive Gefangenenarbeit hinzukam, lag auf der Hand. Nur wenige Monate nach meiner Entlassung gründete ich, zusammen mit einigen Glaubensgenossen, in Santa Fu eine Arbeitsgruppe.

Wohl einmalig bei der Sache war, daß mir die Justizbehörde Hamburg eigens einen Ausweis für die Arbeit in der Anstalt aushändigte. Mit dem Papier in der Tasche hatte ich fortan ungehinderten Zutritt. Daß mir dieser Ausweis nicht so mir nix, dir nix ins Haus geflattert kam, ist logisch. Immerhin war ich Ex-Knacki . . .

Mein besonderer Dank gilt an dieser Stelle dem Pastor von Santa Fu, Martin Steller. Er war maßgeblich am Zustandekommen unserer Arbeit unter Strafgefangenen beteiligt. Ein aufrichtiges Dankeschön ebenso an die ehemalige Hamburger Justizsenatorin, Frau Eva Leithäuser. Ohne ihr beispielloses Engagement für einen humaneren Strafvollzug würden viele Helfergruppen wohl heute noch vor verschlossenen Anstaltstoren stehen.